滿族薩滿教

王宏剛
于國華　著

東大圖書公司

序

　　1983年初冬，富育光師與王宏剛在松花江上游採訪了滿族尼瑪察氏大薩滿楊世昌。

　　當時已到子夜，我們請楊大爺唱一段薩滿神歌。楊大爺說，現在正是黑夜，我就唱一段背燈祭（背燈祭是薩滿教中一個重要祭禮，主要請黑夜守護女神，此時要熄滅一切燈火，以恭請女神降臨，故名）吧。說罷，他淨面、漱口，整理好衣服，端坐在炕上的凳子上，反背著雙手，並扣上繩結，然後用純正的滿語唱了起來。唱到末了，「媽媽耶……媽媽耶……」

　　這發自心靈的呼喊，顫動了我們的心，是呵！過去我們看過嬰兒在母親懷裡吮奶，看過受委屈的孩子撲到媽媽懷裡哭訴，甚至看過出遠門歸來的中年男子依偎在慈母膝下，但還沒看到一位白髮蒼蒼的老人對媽媽如此深情的呼喚。當時，我們真感受到這是人類在呼喚著自己偉大的母親。楊大爺唱完後才把反背的雙手解開了。他對我們說，我這個侍神的薩滿在日常生活中或者在祭祀中多有疏忽與不周之處，所以我要把自己捆綁起來，只有媽媽神才能原諒我，解救我。這裡蘊含著多少對女神的崇敬與深情呵！從那時起，在我們的心裡就萌生了寫一本關於滿族薩滿教專著的願望。

　　隨著田野調查的深入，越來越發現在薩滿教的萬神殿中，

女神居於舉足輕重的地位，甚至不少顯赫的男性大神也以女神為淵藪。隨著研究的深入，筆者也越來越明晰地認識到：女神崇拜是北方古人類自強不息文化精神的源頭，是他們追求集體生命的「增殖」的表現，是人類母性的昇華。眾多的英雄女神如同日月星辰一樣，高懸於天宇，照亮了歷史，照亮了未來，也照亮了北方民族的心。這也是薩滿教有如此強盛的生命活力之所在。如此，寫一本既要較系統地介紹滿族薩滿教情況，又要較深刻地揭示其文化底蘊的著作成為我們的一個夙願。

18年過去了，我們的這個夙願終於在臺灣東大圖書公司、上海社會科學院業露華所長的幫助下得以實現，我們當然感到歡欣。應該說，這本書的完成是書中提到的許多滿族老薩滿奠定的堅實基礎，某種意義上說，我們只是他們的書記員，如今，他們大多數已謝世，但他們的音容相貌仍鮮活在我們的心裡。本書的出版，表示了我們對他們的永久的紀念。本書是我們在臺灣出版的第一本書，能向臺灣同胞介紹中國北方民族文化及其研究狀況，能促進海峽兩岸的學術交流——心靈溝通，所以，我們又多了一層喜悅。謹向東大圖書公司，業露華先生，向長期指導、支援過我們學術工作的富育光、傅英仁、趙明哲、那炎、宋和平、尹鬱山、孟慧英、郭淑雲、苑利、王申、劉中平、趙繼成、關德印等師友表示我們由衷的謝忱。

囿於筆者的學術水平，本書仍有許多不足之處，期待著

認真的批評，但滿族薩滿教本身卻有重要的文化史價值，是中華民族傳統宗教文化的重要組成部分。

　　人類的文化史猶如一條汩汩流動著的長河，今人面對的文化巨川，已與童蒙時代的文化溪流不可同日而語，但是仍攜帶著出自源頭的清泉。某一歷史階段的文化總是在吸取、繼承、補充、揚棄前一歷史階段的文化，創造性地發展而成的。這條文化長河還將流向未來。

　　滿族薩滿教作為一種古老的自然宗教形態，已在歷史的長河中消沉，但它所寓含的北方先民在與自然搏鬥中產生的積極的精神文化成果——群體意識、社會性、英雄主義、人本傾向、母性的高揚、戰鬥精神、對友情的忠誠、對認識世界的探索、人類族類之間的親和心等等，對未來的人類的文化發展仍有重要影響與積極意義。

王宏剛　于國華
2002年5月謹識

　　本書為上海社會科學院上海研究中心文化研究重點學科。

滿族薩滿教

目　次

序

第一章

滿族概況及
其薩滿教資料的新發現

滿族薩滿教以一種活的形態，
記錄了北方先民童年時代心靈發展的軌跡，
反映了他們對世界艱苦曲折的認識過程，
表達了他們的鬥爭意志與力量，
也揭示了他們的迷惘和失誤。

　　薩滿教是廣布於北亞、北歐、北美溫帶、亞寒帶、寒帶地域等，以氏族為本位的原始宗教。國內外學術界對薩滿教的性質有兩種看法：一種如本書所說；一種認為世界各地的原始宗教都類似「薩滿現象」，故統稱薩滿教。本書認為薩滿教是北半球溫帶、亞寒帶、寒帶地域的民族自然宗教。滿族薩滿教則具有典型性。雖然滿族自清朝入關後，全面學習、吸收漢族先進文化，儒、佛、道潮湧滿族故地，但無論是清宮皇室，還是鄉間平民，薩滿教仍然是其主要信仰形態之一。實際上，東北的滿族直到20世紀60年代，其薩滿教信仰才真正式微。今天，仍有一部分滿族姓氏保留了傳統的薩滿教的傳統祭禮，作為一種觀念性的文化形態，它還遠遠沒有消失。

　　滿族薩滿教中保留了形式搖曳多姿、內容異常豐富的祭禮——以一種活的形態，記錄了北方先民童年時代心靈發展的軌跡，反映了他們對世界艱苦曲折的認識過程，表達了他們的鬥爭意志與力量，也揭示了他們的迷惘和失誤。另外，在滿族薩滿教中傳承了有三百女神神系的古老神話，傳承了北方先民遠征海洋的英雄史詩《烏布西奔媽媽》，這一切都有世界文化史的價值。近年來又引起國內外學術界的濃烈興趣。為了讓讀者易於理解滿族薩滿教，本

圖1　長白山下的滿族村落。

書先簡介滿族概況及其薩滿教資料的新發現。

一、對滿族的歷史回眸

　　滿族，舊稱滿洲族，是中國東北地區人數最多的一個少數民族。據1990年統計資料，滿族人口有9,821,180人。滿族有自己的民族語言文字，滿語屬阿爾泰語系滿──通古斯語族滿語支，滿文是16世紀末參照蒙古文字母創制的，稱為「無圈點的老滿文」，後來又在借用的蒙古文字母上加「圈」加「點」，稱之為「有圈點的滿文」或「新滿文」。清以降，隨著滿族與漢族在經濟、文化、生活上交往密切，滿族人民已逐漸通用漢語文。滿族分布於中國各地，其中遼寧、黑龍江、吉林、北京市、河北的承德地區為多，其他如內蒙、河南、山東、新疆、陝西、山西、甘肅、寧夏等省和自治區，以及成都、西安、廣州、天津等大中城市都有不少滿族人口，臺、港、澳地區也有一部分滿族人口。目前遼寧省的鳳城、新賓、岫岩、桓仁、寬甸、北鎮、本溪、清原，河北省的豐寧、寬城、青龍和吉林省的伊通等縣，已成立了滿族自治縣，河北省的圍場成立了滿族蒙古族自治縣，在中國各地成立了200餘個民族鄉。

　　滿族的故鄉史稱「白山黑水」（長白山、黑龍江之簡稱），實際上包括今遼寧省東北部、吉林省全部和烏蘇里江以東直濱大海，黑龍江東半部以及黑龍江以北的廣大地區，這裡有

巍峨連綿的崇山峻嶺，有一望無際的平原沃土，江河縱橫，湖澤星布。其中的黑龍江為中國第三大河流，各種地理景觀，構成了雄偉壯麗的北國風光，這裡，冬季高寒，夏日溫熱，降水集中，日照長，故而物產豐饒。

滿族的族源源遠流長，可以追溯到兩千多年前的肅慎以及後來的挹婁、勿吉、靺鞨和女真。肅慎人是中國東北地區最早見於記載的居民之一，在傳說中的舜、禹時代，他們就和中原地區建立了聯繫。西周初年（西元前11世紀），肅慎向周王朝獻過「楛矢石砮」（一種以石為箭頭、楛木為杆的箭）。《左傳》記載，「肅慎、燕、亳」為周朝的「北土」。戰國以後，肅慎改稱挹婁。三國以後挹婁人也用「楛矢石砮」朝貢，直接臣服於中原王朝，「挹婁貂」在當時是中原上層社會的禦寒珍品。南北朝、隋、唐時期，肅慎、挹婁後裔相繼以勿吉、靺鞨的名稱出現，勿吉一度強大，滅了扶餘國。後來發展為粟末、白山、伯咄、安車骨、號室、黑水、拂涅等七部。7世紀末，在松花江上游、長白山北麓一帶出現了以粟末靺鞨為主體的渤海政權。渤海國王更換，皆受唐朝冊封。渤海全面學習、吸收中原文化，促進了本民族文化的蓬勃發展，素有「海東盛國」之稱。渤海和新羅、百濟、日本等國的密切往來，在古代東北各族的文化交流史上寫下了光輝的一頁。

唐開元13年（725年），唐朝在黑水靺鞨地區設黑水軍，隨後設黑水府，以雲麾將軍領黑水經略使、隸幽州都督，成為唐朝在黑龍江流域設置的直屬地方機構。遼亡渤海後，南

遷渤海部民，黑水靺鞨隨之向南伸張，逐漸取代渤海而興，契丹人稱黑水靺鞨為「女真」。此後，女真這一稱呼代替了靺鞨。

12世紀初，以完顏部為核心的女真人，在其民族英雄阿骨打的領導下，起兵反抗遼朝的奴役取得了勝利，建立了金朝，並很快取代了遼朝和北宋，入主中原，成為與南宋並立的王朝。大金立國一個多世紀，為元統一中國奠定了基礎，並使中國北方的經濟文化出現了一個新的繁榮期。13世紀初期，蒙古滅金，留在中原地區的女真人大部分同化於漢族。留居東北的女真人以今之黑龍江為中心，分布於松花江流域、黑龍江中下游以及烏蘇里江流域，東達海岸。元朝在這裡「設官牧民」，通過本族上層「隨俗而治」。當時，這些女真人大致還處於氏族、部落時代。15世紀以後，明朝在女真人居住的東北地區，北起外興安嶺，東極於海以至庫頁島，西南包括吉、黑兩省地方，先後建立了384個衛、所，並在黑龍江與恆滾河匯合口對峙的特林地方，設奴爾幹都司。明朝封女真各部首領為都督、都指揮使、指揮僉事、千戶、百戶、鎮撫等職，給予敕文、印信、衣冠和鈔幣，並規定朝貢與馬市的時間和待遇，進一步加強了中央政府對東北地區的統治，促進了女真和漢族之間的經濟、文化交流。

明代，女真人逐漸南遷。建州女真各部遷至撫順以東，以渾河流域為中心，東達長白山東麓與北麓，南至鴨綠江邊。海西女真遷徙後，分布於明開原邊外輝發河流域，北至松花

江中游大曲折處，東海女真（明人稱野人女真）分布於建州，海西以東和以北的廣大地區，大體從松花江中游以下迄於黑龍江和烏蘇里江流域，東達海岸。建州、海西兩部南遷定居後，以農業為主，東海女真則發展得比較緩慢。

16世紀後葉，建州左衛的首領努爾哈赤順應歷史的潮流，完成了女真各部的統一事業，建立了具有軍事、政治和生產方面職能的八旗制度。八旗的基層組織名牛錄。牛錄，滿語，意為大箭，原為滿族先民的狩獵組織，清代成為八旗制下的基層組織，漢譯佐領。努爾哈赤於1616年在赫圖阿拉（今遼寧省新賓縣老城）稱「英明汗」，建立了「金國」（史稱後金）。1635年其子皇太極宣布廢除諸申（女真）的舊稱，定稱名為滿洲。次年皇太極稱帝，定國號大清。

在皇太極統治時期，滿族社會迅速向封建制轉化，隨著所轄漢人和蒙古降眾增多，從1633年起，先後增編漢軍八旗、蒙古八旗。它們與滿洲八旗共同構成八旗制度的整體。八旗制度成為滿族社會的根本制度。

滿族就是這樣以明代女真人為主體，加入一部分漢族、蒙古族和其他民族形成的新的民族共同體。因為滿族完全隸屬於八旗制度之下，所以也自稱為旗人。

1644年，清軍入關，清朝定都北京，當時除部分滿族留在東北外，大批滿族陸續進入關內。最初主要聚居於北京及京畿地區，隨著清朝對全國的統一，八旗兵被派往全國各重鎮駐防，家屬也隨軍遷往，於是滿族開始分布於全國各地，

形成了今天大分散、小聚居的居住局面。

清朝（1644-1911）統治中國268年，是中國封建時代最後一個王朝。清代，滿族將士在反對分裂祖國，抵禦外國侵略，維護統一，保衛邊疆的戰爭中起了重大作用，鞏固了幅員遼闊（北自外興安嶺，南至西沙群島，東起庫頁島，西達蔥嶺）的多民族國家。在滿、漢和其他各族人民的努力下，迎來了中國封建社會的第三個黃金時代——康雍乾盛世。康熙帝主持編修的《數理精蘊》、《曆象考成》、《皇輿全覽圖》有重要的科學價值，乾隆帝主持編修的《四庫全書》是中國文化的集大成者。滿文的《滿文老檔》、《滿文太祖實錄》、《異域錄》、《清文典要》以及滿譯漢文名著《三國演義》、《西廂記》、《金瓶梅》、《聊齋誌異》等，把滿文提高到一個空前程度，同時出現了一批燦如群星的滿族文學家、藝術家、科學家：納蘭性德、西林太清、昭連、完顏悅姑、永琪、拉布敦、伊桑阿等就是其中的佼佼者，滿洲正白旗包衣管領下人曹雪芹著的《紅樓夢》是滿漢文化交融的結晶，是中國古典文學的巔峰，在世界文學史上占據重要地位。

1840年鴉片戰爭後，中國淪為半殖民地半封建社會，滿族人民和漢、蒙其他各族人民一起為保衛祖國獨立，維護民族尊嚴，英勇抗敵，浙江乍浦觀音山下的八旗將士連續打退英國侵略軍的五次進攻，幾乎全部犧牲。鎮守江蘇鎮江的八旗兵，面對十倍的敵軍和洋槍洋炮，寸土不讓。在辛亥革命和抗日戰爭中，許多滿族優秀兒女為保衛民族而英勇戰鬥。

近代滿族中出現了許多傑出的文學家、藝術家，老舍、程硯秋、羅常培是他們的傑出代表。

二、滿族薩滿教資料的新發現

　　近20年來，中國學術界開始重視薩滿教文化研究，其中滿族薩滿教研究逐漸成為人們關注的焦點。這是因為在中國歷史上，滿族及其先民女真族曾建立兩個入主中原的王朝——金與清，歷時約四百年。一個人數相對稀少的東北少數民族，能在歷史上兩度迅速崛起，並對中國乃至亞洲的歷史文化發揮重大影響，不能不引起歷史學家的強烈興趣。以往的史學家多從政治、軍事、經濟等方面對此作了探索，但是對滿族民族文化的探索一直是一個薄弱環節，甚至有不少空白，而文化是一個民族興起的真正底蘊。

　　中國北方——大致在北緯35度線以北——的廣大區域曾是薩滿教廣為流行的地區，西元前2世紀末至13世紀初，中國古代的歷史文獻，如《史記・匈奴列傳》、《後漢書》、《隋書》、《魏書》、《周書》、《契丹國志》、《遼史》等對某些北方民族的薩滿教信仰、儀禮與活動作了扼要的記載，但始終沒有提到「薩滿」這種北方民族原始巫的稱號。直到13世紀初，在中國古籍中才出現「薩滿」一詞，宋代徐夢梓《三朝北盟會編》載：「兀室（即完顏希尹）奸滑而有才。國人號為珊蠻。

珊蠻者，女真語巫嫗也，以其通變如神。」這裡的「珊蠻」即
「薩滿」一詞的宋代音譯。首創女真文字的一代名相完顏希
尹就是個通變如神的薩滿。當時，薩滿「能道神語，甚驗」，
是溝通人神的仲介。薩滿能為族人消災治病，亦能藉助咒語
使敵人遭災罹禍，並為人求生子女，《金史》記載金昭祖（石
魯）無子，請薩滿祈子，果然「生二男二女，其次弟先後使
皆如巫者之言」。薩滿還參與當時的重大典禮和各種祭祀活
動。在祭祀祖先、社稷、風雨雷師、嶽鎮海神時，以及巡狩、
征戰等舉行的奏告祖先天地儀式中，都有薩滿參加或主持。
至清代，乾隆12年清廷頒布了具有法典性質的《欽定滿洲祭
神祭天典禮》，說明清宮薩滿祭祀已具有國家典禮的性質，並
對民間的薩滿祭祀起了規範化的作用，反映滿族薩滿教已由
氏族宗教向民族宗教演化。在滿族文化——政治、經濟、科
技、信仰、禮儀、文藝、民俗等——諸多形態中，薩滿教占
據核心的地位，這是因為薩滿教是滿族及其先民自古以來就
篤信的自然宗教，其中蘊含著滿族及其先民深層次的文化觀
念與民族精神，深刻地影響著其民族生活的各個方面。這就
是今天滿族薩滿教研究形成熱潮的歷史緣由。

　　截至20世紀60年代，當國外薩滿教研究經過了一個多世
紀的實地調查與諸多方面的專題研究而形成了一個專門的學
科——薩滿教學時，薩滿教在中國學術界還是一個陌生的名
稱。20世紀70年代末，改革開放的春風吹到了中國學術界。
20世紀80年代以後，對中國諸民族傳統文化的研究開始蔚成

熱潮。1981年《社會科學戰線》刊發了武軔的論文〈薩滿教的演變和沒落〉，雖然該文認為：「隨著與漢族政治、經濟、文化上的交流日益密切，（滿族）薩滿教很快失去了原來的形態，與佛教混雜在一起，最後竟淹沒在佛教之中。」這種說法與滿族薩滿教的實際情況有較大的距離，但它標誌著薩滿教進入了中國學術界的視野。1985年《社會科學戰線》發表了富育光、于又燕的論文〈滿族薩滿教女神神話初析〉，該文論述滿族女神神話產生及流傳的條件——即薩滿教文化背景，分析了女神神話的類型，首次披露了保留在薩滿教神諭中的盜火女神托亞拉哈等神話，提出：「糾正把薩滿教簡單地視為一種愚泯的巫術活動的偏見，激起對薩滿教研究的情趣，為科學地研究中國北方民族史前文化，提供一幅生動形象的歷史畫卷，揭示出一個嶄新的課題和領域。」表明了滿族薩滿教研究的新指向。

但是，這個嶄新的課題和領域的開拓與發展，經過了中國有關學者長達10餘年的調查研究。在這種深入、艱難的田野調查之中，搶救、挖掘出了一批具有重大歷史文化價值的滿族薩滿教新資料，這也是目前國際學術界對滿族薩滿教有濃厚興趣的原因之一。

在中國的有關史籍、方志和文人筆記中，雖然有不少滿族薩滿教的記載，而20世紀50年代末起，大規模的民族社會歷史調查，也留下了當時滿族信奉薩滿教的某些情況，但是，總體而言仍是零散的、局部的，薩滿的活動與性質以及薩滿

教的基本觀念、信仰系統、象徵體系等深層次的核心內容缺乏系統的記錄。因此，田野調查是滿族薩滿教研究必不可少的奠基階段。

　　這裡筆者要介紹一位對滿族薩滿教研究作出較重要貢獻的吉林學者富育光。富育光出生於黑龍江璦琿的滿族世家，與康熙朝首任黑龍江將軍薩布素同宗，隸滿洲鑲黃旗。他的出生地大五家子鄉是一個當時能通用滿語的鄉村，自幼受到滿族文化的滋育，對本民族文化有一種天然的摯愛。1958年吉林大學畢業後，就注重對滿族口承文學——包括薩滿教神話傳說——的搜集與研究。20世紀80年代初他任吉林省社會科學院文學所東北民族文學研究室主任（王宏剛當時就在這個研究室工作，一直到2000年4月調至上海社會科學宗教所），提出：「薩滿教是北方民族原始文化的寶庫，要大力從田野調查中去開始。研究工作不能做無米之炊。」因此，他與筆者一起在吉林、黑龍江、遼寧、北京、河北承德等滿族聚居地作了長期的實地調查，採訪了楊世昌、何玉霖、石清山、閻文寬、高岐山、趙興亞、關志遠、趙雲閣、關雲剛、關雲章、關雲茹、常志謙、趙禮、錢振才、富小昌、張榮久、郎文海、徐寶山、關柏榕等60餘位滿族薩滿，搜集了尼瑪察氏、瓜爾佳氏、葉赫那拉氏等40餘姓氏的薩滿神本（滿文、漢字標滿文、滿漢合璧等3種）與相關宗譜，神本中包含薩滿教的祭程、神詞、神歌（包括部分的神話）等內容；組織拍攝了《滿族瓜爾佳氏薩滿祭祀》、《滿族漢軍張氏薩滿祭祀》、《神偶與宗

譜》、《尼瑪察氏野神祭》、《扈倫瓜爾佳氏薩滿祭記》、《滿族
勵姓薩滿祭祀》、《滿族火祭》、《星祭》、《雪祭》、《鷹祭》、《今
日滿族肇興地》(其中有清永陵大祭與吳氏薩滿祭禮)等10餘
部滿族薩滿教的專題紀錄片,拍攝了薩滿教照片600餘幅,錄
製了薩滿神話傳說及神歌錄音約15小時,搜集薩滿神偶、神
服、神器等文化實物200餘件,為滿族薩滿教研究提供了較系
統的新資料。同時,部分學者與民族地區的基層幹部,如傅
英仁、石光偉、宋和平、于國華、姜相順、劉厚生、孟慧英、
馬名超、劉貴騰、郭淑雲、尹郁山、馬亞川、趙君偉、欒文
海、張曉光、馬文業、趙明哲、沈秀清、魏北旺、王國興、
程迅等人在滿族薩滿教的調查中也作出了自己的貢獻。黑龍
江、吉林、遼寧三省的藝術研究所與民間舞蹈集成辦公室錄
製了各地有代表性的滿族薩滿祭禮的電視錄相片,其中吉林
省藝術研究所拍攝的《石克特立氏薩滿祭祀》內容豐富,有
一定代表性。東北三省的民間文學集成也選入了一部分滿族
薩滿教的神話傳說與神歌。

　　另一方面,富育光先生繼承了其父富希陸及其好友吳紀
賢、程林元、郭榮恩、郭文昌等滿族先賢於20世紀20、30年
代在黑龍江省璦琿、孫吳、遜克等地區北方民族薩滿教及有
關民俗的重要調查筆記,其中《滿洲神位發微》、《璦琿祖風
遺拾》、《富察哈喇禮序跳神錄》、《吳氏我射庫祭譜》、《璦琿
十里長江俗記論》等筆記記載了許多有關滿族薩滿教的重要
內容。此外,富育光搜集的史詩《烏布西奔媽媽》、長篇英雄

傳說《東海沉冤錄》、《兩世罕王傳》和王宏剛、程迅搜集的《薩布素將軍傳》都有部分滿族薩滿教的重要資料。

自20世紀60年代以來，中國東北地區以及相鄰的俄羅斯（前蘇聯）遠東地區的考古發現中，有一部分是反映新石器時代靺鞨、女真時期的滿族先民的薩滿教文化實物，如黑龍江省東部地區新開流、鶯歌嶺文化遺址中發現的骨雕鷹頭、骨雕游魚、陶人、陶豬、陶熊、陶狗等；靺鞨時期的葬式、葬禮及陪葬品；女真時期頭頂一鳥的薩滿像等，為古代滿族先民的薩滿教提供了可靠的實物資料。

經過中國有關學者與滿族薩滿文化傳人的不懈努力，滿族薩滿教資料在國內外薩滿教學領域中占領先地位，為滿族薩滿教與薩滿教的整體研究打下了堅實的基礎，也為本書奠定了基礎。

實際上，許多中國學者在對滿族薩滿教進行了田野調查的同時，也對滿族相鄰的東北阿爾泰語系諸民族——鄂倫春、鄂溫克、錫伯、赫哲、蒙古、達斡爾、朝鮮（朝鮮語系未定，但不少學者認為應屬阿爾泰語系）等薩滿教作了深入的調查，積累了豐富的第一手資料，從而使滿族薩滿教研究的視野更加廣闊。

隨著滿族薩滿教田野調查的不斷深入，有關的考古、文字、口承資料不斷地發現、整理，滿族薩滿教的研究向縱深發展，迅速成為中國北方民族文化的研究焦點，成為國際薩滿教學與宗教史的研究重點。

第二章

滿族薩滿

薩滿教萌生於人猿揖別後人類漫長的蒙昧時代，
興起並繁榮於母系氏族社會，
綿續於父系氏族社會及相繼的文明社會，
其影響一直到今天。

一、薩滿在民族生活中的文化功能

　　薩滿，通古斯語，其詞根「Sar」為「知道」，「知曉」，
其涵義按滿族薩滿史詩《烏布西奔媽媽》中解譯為「曉徹」
之意，即最能通達、知曉神的旨意；過去學術界常解釋薩滿
是「因興奮而狂舞的人」，如1981年版上海辭書出版的《宗教
詞典》如是說。這種說法不接近這個通古斯語的詞源古意，
也沒有說明薩滿的主要特徵與文化內涵。滿族神話中講：第
一個薩滿是天神派來的，或天神命神鷹變幻的，因而薩滿是
宇宙的驕子，天穹的裔種。如今，在中國北方滿、錫伯、赫
哲、鄂溫克、鄂倫春等五個通古斯民族依然通用這個稱號。
因為薩滿是氏族精神文化與傳統的代表，所以，今天薩滿仍
受到族人的尊敬。與中國近代一般的神漢巫婆比較，薩滿保
持了宗教的莊嚴性和人類童年時代文化傳承人的質樸性。正
如米・埃利亞德所言：「薩滿不只是神祕主義者，薩滿確實可
以稱得上是部落傳統經驗知識的創造者和保護者。他是原始
社會的聖人，甚至可以說是詩人。」❶

　　薩滿地位崇高，因為他不但會擊鼓甩鈴，焚香祈禱，用
滿語吟唱神歌，和諸多的神靈交往，轉達人的願望，傳達神

❶ 轉引自《世界宗教資料》（中國社會科學出版社出版），1983年3期，頁
40。

的意志，有的還會摹擬各種神獸靈禽翩翩起舞，甚至會鑽冰眼、跑火池子、噴火、跳樹等各種神技。薩滿能夠講解「烏車姑烏勒本」(神龕上的故事)，即薩滿教神話。這種神話充滿了英雄主義，凝聚著族人的理想、願望和憧憬，規範著人們的道德、行為，實際上它是原始時期的氏族憲章。薩滿不但在祭祀中扮演主角，而且往昔滿族生活中的大事，如出征、打圍、婚嫁、育子、送葬都要請薩滿祈禱或舉行一定儀式來求得神靈的庇佑。平時，薩滿是氏族中普通的勞動成員，不享受任何特殊禮遇，然而氏族或其成員罹難時，他是首當其衝的化導者，同時也是本氏族藥師和女人育嬰的保姆。薩滿在民族生活中的文化功能可以歸納如下：

1.為本氏族驅穢治病。主要用跳神祛邪招魂等神事活動，實際上是一種精神療法，兼用按摩、草藥、針器等為族眾看病治病。此項功能近世已衰落。

2.為氏族或部落舉行薩滿教祭禮的主祭人。根據傳統確定祭祀內容、範圍、形式、規模、時間、地址以及所有氏族宗教信仰的習慣法等。薩滿傳承氏族神譜神系，包括自然神祇，如日月星雲、山川湖海、冰雪風火、草木樹石、猛禽猛獸、兩棲鳥類、魚、蛇、蜥、龜、蚯、蛙、鼠等神祇；主宰和管理北方神界地界人界的百業神祇，如營造神、獵神、匠役神、牧神、養殖神、船神、倉神、磨神、簧火神、鑽火神、井神、牲圈神、鷹樓神、渡口神、路神、熟皮神、雕樺簍神、針繡神等文化英雄神；本族世代創業開基英雄即諸蠻尼英雄

神；外族有惠於本族並經本族先世准予列入宗祭的一些神祇和雖非本氏族直系但為遠世同宗祖先眾神祇；依據氏族所遇突發事件和需要由薩滿所確定的新增神祇。上述諸神祇，由本氏族歷代薩滿不斷豐富創造其各類神祇的具體聲音、面貌、服飾、體形、性格、年齡、性別以及嗜好、興趣、特長、神蹟故事，形成其栩栩如生的幻化人形神態，並隨之創造出各不相同的舞姿、走勢和神技百藝。除此，所有崇祀神靈的祭詞祭歌以韻文形式用本民族語言編成，向後代氏族薩滿口耳相傳地教授誦講誦唱。在祭禮中，薩滿處於神靈憑依或脫魂狀態，通過歌舞、神技創造出一個神與人、歷史與現實、神聖與世俗融為一體的宗教文化氛圍，其核心是再現神話，薩滿教的社會觀念主要是通過祭禮中的神話來弘播族眾的。

　　3.滿族神詞傳述多用木、石、革等刻紋傳授，按圖頌唱，有文字後漸用文字謄抄。創造並傳承本氏族薩滿修身、循氏族法規祖訓以及裁處違謬族規薩滿細則。創製本氏族薩滿全部祭樂神器、獻供神器、彩繪神像神譜、繪製神服、佩飾、獻俎禁忌規約和殺牲刃具等。管理和培育薩滿侍神人和神域護丁選用事務。管理本氏族薩滿喪葬、祭禮、祭期、入譜、葬制、承嗣等。在極特殊情況下，經氏族會議准允，本氏族薩滿在友好外族請求下可協助進行培訓、助祭和卜占等事宜。除此例之外，本氏族薩滿是不為外氏族服務的。薩滿所有一切舉措與操勞，被氏族視為薩滿分內職責，不得收取報酬。

　　4.協助氏族長（滿語稱穆昆達）籌辦和組織定期的隆重

瞻譜、拜譜、續譜、繪譜等闔族大事。

　　5.薩滿為氏族生產生活觀測地理、天象、星狀、地貌、風態、雲色、居宅、洪澇、地顫、雪況等，繪製雪況、地貌、星圖，創製了獨特的形體曆法。近世，滿族薩滿的這種功能也已經式微，某些占卜方式仍保留，寓含著某些自然觀察、預測的內容。

　　6.氏族大薩滿參與氏族首領的各項決策，常作社交使臣。不少薩滿本身便是氏族首領或分支氏族首領。在不少氏族中，薩滿的承襲權往往與氏族首領的承襲權一致。在氏族爭戰中，氏族薩滿多為主要參軍謀士，身先士卒。從某些滿族姓氏的譜書中可見，因薩滿居於氏族中樞地位，在疆場或被俘慘遭辱害者多為薩滿。自後金、清朝初期，滿族編入八旗，薩滿的此項功能自然消失。

　　7.薩滿是本氏族族史權威承襲者和講述者。有些氏族族源傳說等多為薩滿親手整理，並保留許多頗有史料價值的長篇說部（長篇英雄傳說，早期多為滿語）。薩滿在文化落後的山野僻壤，多為本氏族子弟授業塾師，被尊稱「色夫」（師傅）。

　　8.作為神的代言人薩滿常被公推為最具權威性的糾紛、選拔、競比的仲裁人。在氏族與氏族之間、氏族成員之間、氏族成員與首領之間出現的糾紛毆鬥，或者選舉某項生產勞動中的首領，或進行某項勇猛的競賽，薩滿便以神示、神判和卜象等辦法，仲裁事件，終得解決。此項功能亦於近世式微。

9.薩滿主持或參與如孕生、育子、成年、婚禮、壽禮、葬禮等人生禮儀，在人生的重要抉擇期傳授氏族傳統知識與集體英雄主義教育。在往昔滿族孕生、育子過程中，薩滿的責能尤為重要。隨著滿族社會形態的演化，許多人生禮儀已消失，薩滿的這種功能也已式微。

10.薩滿主祭的祭禮中，相當一部分是傳承狩獵、網罟、農耕、航運等生產技藝及相關的天文、地理、醫學知識。此功能至近世已式微。❷

古時候，部落酋長、氏族首領往往兼任薩滿，而且多是女性。如神話中的他拉伊罕媽媽、史詩中的烏布西奔媽媽、傳說中的東海嘎忽坦河部落族女罕斯呼林都是威名四達的女首領，又是女薩滿。後來，男薩滿逐漸替代了女薩滿，不過在祭祀中男薩滿仍須穿上神裙，這是女薩滿留下的歷史標記，直到今天，有的滿族姓氏仍有女薩滿。

二、薩滿起源的神話解說

從有關的出土文物、岩畫、史籍、筆記、民族志以及田野調查資料來看，薩滿教萌生於人猿揖別後人類漫長的蒙昧時代，興起並繁榮於母系氏族社會，綿續於父系氏族社會及

---

❷ 此處總結吸取了富育光《薩滿論》中關於薩滿功能的主要觀點，遼寧人民出版社，2000年，頁70–72。

相繼的文明社會，其影響一直到今天。因為薩滿教是自然形成的原始宗教，沒有創教的宗主，所以歷史上的薩滿究竟誕生於何時？當初，他們的活動、作用、影響如何？這只有在神話中才能尋覓到一幅朦朧的歷史畫面，而且其中蘊含著滿族自己對薩滿的初始認識。

　　在滿族瓜爾佳哈拉的薩滿神諭中記載了如下神話：「本姓瓜爾佳哈拉，敬祀赫赫瞞尼，她是天母阿布卡赫赫（滿語，天母、天神）身上搓下來的泥所變。赫赫瞞尼摘下一片青天作鼓，拿起一座高山作鼓鞭，當青天與山岩撞擊的時候，從那震天的咚咚的鼓聲中，生出了男女與宇宙眾生靈。」這裡的赫赫瞞尼完全是一個女薩滿的形象（神鼓是薩滿必不可少的法器與標誌），她是天穹主神阿布卡赫赫身上的泥直接變過來的，是天神的裔種，人類的始祖。意味深長的是，在她的鼓聲中誕生我們這個生靈世界，她實際上是創世女神。這裡的鼓聲是天與山的撞擊聲，很可能寓含著一種原始生殖崇拜觀念，即天地交媾，孕生萬物。不過和古華夏——漢族的傳統觀念不同，這裡的天為女性，而代表地的山，可能是男子性器的象徵，代表男性。類似的觀念，在歐洲的某些古代民族中也存在過，「在雅利安人中，最原始的觀念是：天以一種漫無邊際的性擁抱，覆蓋著大地，由此產生萬物。希臘人和羅馬人就是這麼認為的」。❸有趣的是女薩滿觸發了天地擁合，孕生萬物的偉大創舉。

---

❸　（美）魏勒《性崇拜》，中國文聯出版社，1998年，頁206。

　　類似的觀念在滿族薩滿史詩《烏布西奔媽媽》的一則神話中有所反映，神話說：「宇宙始初，天母阿布卡赫赫打敗了惡魔耶魯里，派下了身邊的鷹首女侍從臥勒頓作了人世間第一個女薩滿，將混混沌沌的天穹抓下一大片，給她做成天穹的神鼓，並用耶魯里的小惡魔做她的鼓槌。臥勒頓媽媽拿起鼓槌，敲了第一下神鼓，才有了藍色的天；敲了第二聲神鼓，才有了黃色的地；敲了第三聲神鼓，才有了白色的水；敲了第四聲神鼓，才點起了紅色的太陽光；敲了第五聲神鼓，才慢慢地、慢慢地生出了生靈萬物與人類。」女薩滿臥勒頓是天神的僕從，是天穹神殿的一員，又是偉大的創始神。為什麼她的形象是鷹首人身？請看下面兩則神話：

　　天初開之際，大地像一包冰塊，阿布卡赫赫讓一隻母鷹從太陽那裡飛過，抖了抖羽毛，把火和光裝進羽毛裡頭，然後飛到了世上，從此，大地冰雪才有融化的時候，人和生靈才有吃飯、安歇和生兒育女的時候。可是母鷹飛得太累，打盹睡了，羽毛裡的火掉出來，將森林、石頭燒紅了，徹夜不熄。母鷹忙以巨膀撲滅火焰，用巨爪搬土蓋火；烈火燒毀了牠的翅膀，死於海裡，鷹魂化成了女薩滿。在這則氣壯山河的神話中，鷹神為拯救人類與生靈壯烈而死，其魂化成了女薩滿，從一個側面揭示了女薩滿人格的高尚偉大。

　　又如前蘇聯學者斯特恩堡在《從民族學角度看原始宗教》一書中講：「關於薩滿在地球上的出現，有兩個傳說故事。據一個故事講，第一個薩滿是鷹─迪；據另一個故事講，鷹僅

僅教會了人跳神。無論在哪個故事中，這隻鷹都是雙頭的，而且，她正是因為教會了人跳神而失去了第二個頭。」

在這些神話中，初期的薩滿都與鷹有關，這和薩滿必備條件——旋天術有關。一個真正的薩滿必能使自己的魂魄在浩渺的宇宙天地間旋飛，方能與神靈交往，這種凌空旋天的能力在薩滿教供奉的眾多靈禽中，以鷹為最強，因此鷹便成為薩滿這種神技的最好象徵。當然，鷹崇拜的涵義還要豐富得多，如鷹還是力量與威武的象徵，是司火與光的重要神，是生命之母神，後期還成為薩滿最重要的守護神；但是鷹振翅凌空的本領是薩滿「旋天術」的直接象徵，這是女薩滿降世就帶有鷹形象的最初本的原因，這與當時初民以物及己的

圖2　滿族鷹神媽媽陶偶。20世紀80年代吉林省琿春縣庫倫七姓滿族傳承的火祭中的鷹母神陶偶，滿語稱：代敏媽媽，其神話中講：代敏媽媽哺育了洪水時代後人類的第一位始母神，也是第一位女薩滿，給人類帶來了賴以生存、繁衍的文化。鷹母神是人類的乳母神。

原始思維特色分不開的。從這裡我們可以得出三點結論：

1.薩滿誕生於遙遠的母系氏族社會，當時擔任當薩滿的人是女性。

2.在薩滿萌生期，旋天術就成為薩滿的必要條件，通神是薩滿的基本任務。

3.薩滿原是天穹神靈中的一員，但她自降生於人間後，就是人類利益的代表。

在滿族胡、趙姓薩滿神諭中載：鷹神最早從火中叼出一個石蛋，生出一個女薩滿。這就是東海九十九個噶珊（部落）的七叉鹿角罕王。她是東海最遠古的女祖女罕。

神話中的石蛋有濃郁的圖騰崇拜的意味。女薩滿成為威震一方的女罕與女祖，說明母系氏族社會中婦女的重要作用與崇高地位。

部落女首領的權威因身兼女薩滿而得到加強，這一點在滿族薩滿史詩《烏布西奔媽媽》中看得更加明晰。史詩以一個普通啞女成為東海窩集部威名赫赫的女罕王為主線，突出了烏布西奔媽媽成為天女薩滿的神奇經歷，其中說道：烏布西奔媽媽在成為薩滿後，她在睡眠中其魂魄坐在神鼓上，能捕縛飛到天穹中的天鵝，並能到東海（日本海）與雲雷搏擊，故而使七百噶珊懾服。這裡突出了古代女薩滿的主要神技——旋天術。史詩還告訴我們，因為烏布西奔媽媽高超的薩滿術，她才成為眾人敬愛的英雄女罕王。在母系氏族社會，族權與神權往往是彙集於一身的。同時，史詩還揭示，這種

族權與神權與階級社會的族權與神權有本質的區別，前者不是某階級某個人的特權，而是代表整個部落族眾的利益。

　　在吉林省永吉縣滿族關德印所保留的薩滿大神案（神案是神圖的俗稱，大神案即懸掛在祭臺中正的大張影像，上繪有所崇祀的神靈像,這裡提的大神案是我們於1990年4月在吉林省永吉縣發現的）中，繪有三輩薩滿神靈的群體形象，在這個薩滿神話世界中，占主導地位的是女薩滿神。如頭輩薩滿群像中，居中的是女薩滿兼女始祖，兩側各一名女侍神人，再側各一名男薩滿神，左右兩側各有創世神白水鳥與薩滿守護神鷹，右邊側是一個小男薩滿上刀梯的畫像，右側是兩名正在煉鍘刀的男薩滿，反映了古代學薩滿的情景。在滿族這幅神案中：二輩薩滿群體的中間也是女薩滿神，值得注意的是，她的左右肩上各有一女人頭，為其魂魄的幻象。其左側有七位女薩滿神，自左及右依序是：吹管的女神，紅衣女神，持槌的女神，持滴達槍（即絜槍）的女神，袖口中探出幼童的保嬰與生育女神，帶鳥神帽的女神。女薩滿右側有七神，從右到左依次為：熊神、媽媽神、歌舞神、兩持刀男神、兩男神。從這一組薩滿所持的神器及部分神衣、神帽來看，和我們近年看到的滿族尼瑪察氏、石克特立氏的野神祭十分相近。從神案所包含的熊神、鷹神、白水鳥神，以及神案下側的雙翼飛虎神、蟒神等靈禽神來看，這是一個宏大的野神祭場面，和近世的野神祭比較，都有濃烈的自然崇拜、圖騰崇拜的意味，祖先崇拜還在濫觴之中，所區別的是女薩滿唱主

角。有趣的是眾女薩滿神已經有了分工，有的手持各種兵器、神具，有的吹管歌舞，當是藝術之神。第三層薩滿神群共十五位神，中間為男性薩滿祖神，兩側各有七位男性薩滿神，手持火鏈、火把、弓箭、刀槍等各種神器與兵器，和我們在實地看到的薩滿祭禮中用具相近。這一組群神反映了薩滿教進入父系氏族社會後，女薩滿逐漸被男薩滿代替，近代，已很少見到女薩滿了，揭示了薩滿教演變的歷史軌跡。

這幅神圖是清代作品，說明在清代的薩滿祭禮中，部分姓氏仍要膜拜女薩滿神，神話中的女薩滿仍是後世薩滿光榮的始祖，強大的保護神，也是表明其身分神聖與正宗的標記。

女薩滿的這種歷史印記可以追溯到西元前2000年至4000年。在黑龍江勒拿河的岩畫中，有一幅女薩滿圖像：她身著華麗的長衫，伸出一隻手握一面神鼓。❹這些史前岩畫，不是單純的供觀賞的藝術品，在當時是莊嚴的薩滿祭壇的一個重要組成部分，不少民族在中古時期乃至近代仍保持這種古俗。如布裏亞特人十分崇敬岩畫，他們把上面的畫像視為神像。岩畫所在地被視為聖地，是宗教活動的中心，自遠古以來獵人們一直在這些地方舉行祭神儀式。從這種古俗來看，岩畫上的女薩滿靈氣飛動，是薩滿神話世界的尊神。而且，它從一個側面告訴我們，當時的薩滿教已相當成熟。

---

❹（前蘇聯）奧克拉德尼科夫《勒拿河的岩畫》，列寧格勒（現聖彼得堡），1959年。

　　有趣的是，神話中的女薩滿往往源於動物，或者她的神力來源於動物。如滿族神話中講：「宇宙初始，天地間只有一個女人，她和蛇、蛤蟆、鷹、四足蛇、刺蝟在一起生活，對這些動物講了九十九天她的來歷、天的來歷、水的來源等等，後來這幾個動物變成薩滿。所以薩滿懂得宇宙間許多組織，有著同動物相似的特技，能鑽洞、翔天，不怕風雪……」在布裏亞特神話中，最早的薩滿都是女性，而且是全氏族的最高首領，又都源於動物。在北方其他各民族中，也多有此類神話，說明女薩滿脫胎於母系氏族社會圖騰崇拜的繁榮期，或者說，當時她就是氏族圖騰的代表或化身。

圖3　扁嘴鴨媽媽陶偶。
　　　流傳於黑龍江省東寧地
　　　區的扁嘴鴨陶偶，相傳它
　　　是用嘴從洪水中拱出陸
　　　地，因而變成扁嘴的創世
　　　女神，在往昔大祭中受到
　　　崇祀。

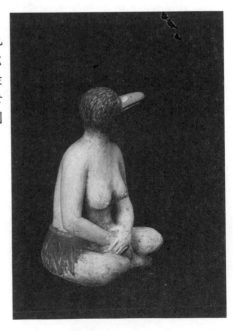

三、薩滿的傳承

薩滿擔負著氏族安危、興衰與繁衍的重任，必須經歷神祕性的精神心理蛻變與昇華過程，即他們已被超自然力的「精靈」解體與重組，「受到了輔助精靈的完全支配，他變成了精靈的代言人」。❺因此，薩滿傳承不是世襲的，而是用各種特殊的方式鑑定其有無當薩滿的資格，通過一段艱苦的學習和特定的考驗儀式，才成為新薩滿。一般有以下幾種：

1.老薩滿用神驗的方式來選定接替人。如黑龍江富裕縣三家子鄉的佛滿洲的家薩滿年邁以後，想尋找接替人，便把族中男女青年聚於一室，男坐南炕，女坐北炕。老薩滿焚香在兩炕中間搖晃，一時香煙彌漫，誰被煙熏發抖，乃至昏暈，老薩滿便選定他當接替人。

2.已故的薩滿色夫的魂魄選定的。某一姓氏老薩滿謝世，氏族中沒有能主持大祭的薩滿，俗稱「扣了香」的，過若干年，族中有人久病不癒，突然外出，或去高山，或去大江，過了一段時間回來便神志清醒，並有當薩滿的願望，便認為是成了「太爺」神的老薩滿抓的。

3.孩童有病難治，其家長祈神保佑，並許願如病癒則當薩滿，侍候神祖，如孩童病癒，經族人同意，便可去學薩滿。

----

❺（法）米・埃利亞德撰《大英百科全書》，1974年第15版，「薩滿教」條。

以上三種方式保留了更多的傳統意味。

4.由族人推選。一般都推選幾個品貌端正，口齒伶俐，敏慧好學的青年跟本姓薩滿學，學習優者，並通過了考驗，方成為新薩滿。這種方式是清乾隆朝後，滿族普遍流行規範化的家祭所採用的薩滿傳承方式，這類薩滿的主要職能是祭司。

有了學薩滿的資格，還必須經過若干「烏雲」的潛心苦學，方能成為民族公認的神職薩滿。「烏雲」，通古斯語，意即「旋天」，指薩滿經過昏迷術，有驅策自身魂靈翔天入地往復的神功。這僅是指乍繫腰鈴的初級薩滿，若是神通廣大的老薩滿，則有「五烏雲」、「七烏雲」、「九烏雲」的旋天術，能使自己的魂靈巡遊天穹，登上最高雲天。學「烏雲」即學這種薩滿旋天術。後來就把「烏雲」作為學薩滿過程的代名詞。除了學「旋天術」外，還要背誦神詞神贊，學習神歌神舞、祭祀程式禮儀和各種特技。

新薩滿在祭祀中常充當老薩滿的助手——「栽力」，即侍神人，當薩滿神靈已附體的時候，他是代表神在講話，而「栽力」則代表族人答語。薩滿在七星斗前請來鷹神時，栽力則領「鷹神」進到屋內的神案前，薩滿歌舞時，栽力配合默契，所以整個祭禮中栽力發揮很大作用，故有「三分薩滿，七分栽力」的俗諺。

有的栽力經過多次祭禮的實踐，歌舞、神技水平提高，根據氏族的需要成為正式薩滿。為增加薩滿祭祀的深厚感召

力，只憑薩滿們載歌載舞的神人魔鬼搏鬥，達不到生動感人的效果。因此，要特別注意吸收和培養助神人（栽力）們的現場輔助與製造、烘托氣氛。因此，不少滿族姓氏經氏族會議推選，挑選品行良好、五官端正、聰明伶俐的青年男女，通過學「烏雲」，培養成「栽力」。他們的授業內容有：

1.本氏族族源神話、傳說，族源遷徙歷史；

2.本氏族薩滿譜系、名諱、重要傳人與簡歷；

3.本氏族薩滿祭祀中的神祇、特長和迎送禮儀與禁忌；

4.全部迎送眾神祇的禮儀、時間、程式、神位設施、神品、神器等的各自特徵；

5.曉徹和翻譯迎送請祈的神歌、神詞及咒語、卜語、符圖等；

6.曉徹並翻譯迎送請祈諸神薩滿舞蹈語言符號、祕語、手勢語、聲音語意等；

7.迎送請祈薩滿神祇的舞蹈動作，樂曲聲調，能解涵義，並會陪伴薩滿而舞；

8.隨時護衛、侍奉薩滿祝神時的昏迷舉動，能釋解其意，作薩滿與族眾之間傳導諸事；

9.代替主祭薩滿做簡單的祝禱、獻祭品、輔助卜占、醫療等事宜；

10.協助薩滿抄錄、整理、收儲、清掃、製作、修繕神諭、神譜、神器、神偶、神堂等雜務，或由薩滿指導下獨立完成。❻

❻ 以上吸取了富育光《薩滿論》中有關栽力授業的主要論點。

　　授業完畢，在族中要舉行隆重的「送烏雲、落烏雲」儀式，有時還舉行「太平祭禮」，檢驗和最後選定其中數名正式助神人，未被選中者視情況可參加以後舉辦的「烏雲」授業禮。❼

　　在祭祀中，族長總理一切事務，薩滿（包括栽力）主持祭禮，鍋頭負責殺牲和一切供品，這三者組成了祭祀班子，此外還有打鼓的鼓師等輔助人員。薩滿班子齊全的氏族，德高望重的老薩滿就是薩滿達（達即首領），這是祭祀中心的核心人物。

　　漢軍旗人的薩滿也稱為「神將」、「單鼓子」或「姑娘神」。漢軍燒香祭祀有上三壇、中五壇、八大本壇之分，各自師承，可請不同姓氏薩滿同壇燒香。

四、薩滿服飾與神系

薩滿服飾

　　常見的有神帽、神裙、七星褂、銅鏡等。神帽上多有鳥形模型、各種骨珠以及銅鏡、銅鈴等飾物。神帽上銅鏡代表日月星辰，帽頂的飛鳥象徵其能在宇宙間自由振飛，成為溝通天穹和人類的中介。帽沿的五彩飄帶象徵著神鳥飛翔的雙

---

❼ 參見富育光《薩滿論》，遼寧人民出版社，2000年，頁99。

翅。骨飾有數百年的野豬牙、鹿角以及獐熊等腳掌骨。豬骨象徵勇猛，鹿角象徵長壽，獐熊骨則意味著驅魔除邪。有些望族大姓的薩滿骨飾神衣重達百餘斤。神裙代表雲濤，七星褂象徵星辰。有的姓氏沒有野神（即動物等自然神與某些有特技、舞蹈的祖先英雄神）祭了，則不戴神帽，七星褂也改用潔淨的白上衣。

日本東洋文化研究所存藏的《祭祀全書巫人誦念全錄》，為滿漢文手抄珍品。這兩冊祭祀全書係由滿洲舒舒覺羅哈拉主祭薩滿常青，於清乾隆36年（1771年）書寫的本姓祭祀程式，詳述了本家族薩滿祭祀祭程祭禮，而且生動形象地繪製了薩滿與族人進行每項程式的禮儀、陳設、祭物以及薩滿所

圖4　北極光神都靈瑪法神服。北極光神都靈瑪法是滿族薩其勒氏鷹祭中的主神之一，為北方寒帶區的神祇，實即對北極光的崇拜。該姓氏原居於黑龍江北恒袞流域，後遷入黑龍江孫吳地區。每逢春天柳樹綻芽時，闔族舉行隆重的鷹祭，以護佑巴圖魯（勇士）開闢「鷹路」，在北上捕鷹時能順利平安。都靈瑪法是重要的指路神與方位神。當薩滿在祭壇上請來都靈瑪法後，方可穿這套用鬃毛製成的神服。1996年，在延邊汪清地區滿族復演了「鷹祭」，製作了這套神服。

用服飾和跳神的各種姿態，詳盡細緻。這是迄今為止，我們所能見到的介紹滿族薩滿祭祀最早又最形象具體的珍貴文化史資料。從全書所繪圖式可見，滿族薩滿服飾富麗美觀，變化多樣。隨祭祀內容不同而服飾相應改換。從舒舒覺羅氏家族祭祀看，他們家薩滿神服為三段式滿族傳統神服，即上身與坎肩，中間（腰部）是腰帶與腰鈴，下部為花飾鑲嵌圖案神裙。這種服飾一直延續到現在。不過，隨著社會的發展，坎肩已經減掉了，只穿白襟衫，腰圍和腰鈴以及下裙一直在滿族諸姓中保持著。

薩滿神系

滿族居地廣闊，各氏族、部落因自然環境和生產物件的不同，其所祭祀的神靈和薩滿自身的附神種類亦不同，形成自成一系的薩滿神系。由於氏族、部落間長期的經濟文化交往，也產生了不同神系中交叉共祀的神祇。薩滿神系主要以其神帽上的圖飾為標誌。滿族薩滿神系主要有以下幾種：

1.鳥神系，多為原始漁獵民眾，居住區域多為依山傍水的丘陵與半平原、河套等地區。鳥神系的薩滿頭飾，多以鷹鵰為代表，而鷹鵰的多寡則又代表其神權神齡神力的高低等別。滿族及其先世女真諸姓薩滿頭飾多以神鳥統領神系，最高位的薩滿神帽上的神鳥多達27隻之多，有的振翅高飛，有的昂首翹立，有雕製亦有繪製於神帽盔沿上，威風神武，肅而生畏。鳥神系在滿族中流行最廣，近世農耕地區的滿族薩

圖5　野祭神帽。
　　神帽上鷹的模型象徵薩滿
　　的魂魄,有飛翔九層天宇
　　的神力。鹿角象徵薩滿的
　　神眾品級,枝叉越多,品
　　級越高。銅鈴的聲響象徵
　　宇宙的聲音,能召請天宇
　　中的神祇。貝花象徵不絕
　　的生殖能力。帽底架上的
　　蜥蜴（模型）是薩滿地下
　　的信息神、保護神。三面
　　銅鏡象徵日月星辰,能驅
　　除邪魔。珠簾能使邪魔識
　　辯不了薩滿,從而使薩滿
　　不受邪魔的侵害。

圖6　滿族野祭神服。
　　吉林省琿春縣滿族何舍
　　里氏傳承的野祭神服,神
　　服上的佩飾、圖案,都有
　　一定的象徵意義,如:神
　　帽上的鷹象徵薩滿魂魄
　　的翔天能力;銅鏡象徵
　　日、月、星辰;飄帶象徵
　　七彩太陽光;鹿角象徵薩
　　滿的神力等,其具體地展
　　示了薩滿教的宇宙觀。

滿多系鳥神系。

　　2.鹿神系，多為山林中的游獵民眾，是以鹿角枝叉代表薩滿統領的神系，而鹿角上枝叉的多寡、高低亦代表薩滿神權的高低和所居地的薩滿派系。這類神帽標誌是獸骨獸角，簡單地罩在或套在頭上，後來又取山羊角、野牛角以及掘得的殘斷的猛獁牙齒、馬鹿、犴、馴鹿等角。後來隨著部落的發展，野獸被驅趕到遙遠的山莽中，便以常能獵得的鹿角代表了，而且鹿角精巧、輕便、美觀，日久便習用它作為薩滿帽飾的標誌了。

　　3.披髮神系，薩滿頭上披髮辮，用七彩布帛、皮革或鐵片圍成的帽箍戴於頭上，髮辮採用女人長髮、動物長尾鬃毛、

圖7　魚神神偶。
滿語稱「尼瑪哈恩都里」。相傳，是東海女神德里給奧木媽媽派遣他給清軍送來了大馬哈魚。魚神頭部用魚骨製成，身著魚皮衣靴。

海豹海獅的長鬚等編絡而成，髮披於肩，額前飾以骨珠、石珠等。披髮神系可能是薩滿教較原始的一種形態，往往流行在古文化較多的氏族、部落中，近世已少見。

　　4.魚神系，多為環海或居庫頁島和黑龍江出海口的原始部落。薩滿頭飾採用魚骨、魚皮、魚骨珠等雕磨製成的薩滿神帽標飾，薩滿凡戴這種神帽者其所崇拜神系多為海神、江神居多。崇奉主神為東海女神，她是魚頭女人身的宇宙大神，掌管和送給人間光明、溫暖和生命之水，帶給萬物以七彩陽光和溼潤的甘露。魚神是薩滿教水系神祇的代表。

五、薩滿法器與神諭

　　薩滿法器常見的有腰鈴、抓鼓、抬鼓、銅鈴、神刀、滴達槍、馬叉、花棍、蠻特（木槌）、恰拉器（響板）、箭等等。腰鈴，滿語為西沙，在古時候是由石頭製成的，後漸和銅、鐵製成，它的聲響代表風雷。抓鼓，滿語為尼瑪琴，也稱神鼓，鼓背有抓環，圓形或橢圓形，象徵浩渺的宇宙。抬鼓，滿語稱通肯，是薩滿的主要樂器，鼓鞭為薩滿的宇宙坐騎，鼓聲的緩疾代表神靈飛天的步履。蠻特，是洪荒初開的遠古時期，先祖用來披荊斬棘，創建家園的勞動工具。薩滿法器都有一定的象徵意義。

圖8　鹿皮腰鈴。
薩滿在祭祀中請神、跳神時，繫腰鈴於後腰，甩動
腰鈴使其產生聲響。腰鈴聲象徵宇宙的風雷聲，是
薩滿歌舞的重要樂器。圖中腰鈴由滿族薩滿關柏榕
傳承。

　　薩滿神諭也叫神本或「特赫本子」。多用滿文或漢語標音
的滿文書寫。神諭是薩滿教的「聖經」，它記載了該姓薩滿教
祭祀中神靈的名稱、來歷、職能、誦唱的神歌、祭祀的程式
禮儀、供品的要求，是祭祀的準則。神歌中又往往包含著本
姓的神話，所以只有薩滿才可翻閱珍藏。有的姓氏已有另外
成冊的「祭祀規則」，神諭主要記載誦唱神詞。早期的神諭有
口傳，實物多種。

圖9　抬鼓。

　　滿語稱「通肯」，在祭祀中由本族鼓師敲打，
　　其聲象徵宇宙之聲，其鼓點是薩滿舞蹈與歌
　　唱的主旋律。圖為吉林省永吉縣滿族薩滿關
　　柏榕傳承之抬鼓。

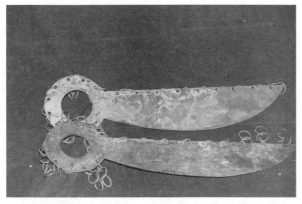

圖10　神刀。

　　滿語稱「哈勒瑪」，薩滿在背燈祭時，雙手
　　舉刀上下晃動，其發出的聲響與腰鈴之聲
　　響，表示守夜女神從天宇而來的行進腳步
　　聲。祭祀時恭放在神案前。圖中神刀流傳於
　　吉林市郊。

六、薩滿神偶、神判與卜術

　　神偶為祭禮中代表該姓氏所崇祀神衹的靈物。常見的有石頭、樹枝、樹根、木料、布帛、皮革等材料製作，各姓不一，但必須是經過薩滿特殊挑選和「神驗」的。如有的姓氏供奉樹神「恩都里毛」，製造其神偶的神木必須是薩滿翻過九個山崗，並閉著眼九次砍在一棵樹上，這樹便是經過神驗的，可以用來製作樹神神偶。「神驗」的方式有多種，如將製作神偶的皮帛、木頭放在江水中泡洗；置高山上讓日月星辰的天光長期照射；用「神火」「熏烤」；用野牲鮮血洗滌，甚至放在魚腸、獸腸裡浸藏等等。平時恭放在代表神衹居住的「金樓神堂」、「銀樓神堂」的神匣中（也有放置在「媽媽口袋」或「先人口袋」中），不得打開觸摸，祭禮時由淨過身的薩滿或族長（滿語稱穆昆達）請到神案上，受族人叩拜供奉。丟失的神偶復又找回，必須「過火」才能供奉，這就意味著它又是聖潔的了。有的姓氏平時也在家中的「窩轍庫」（神龕）上供奉神偶，外人進屋切忌仔細察看。在往昔的野祭中，薩滿用新鮮牲血點抹神偶的嘴，表現了薩滿教以血榮魂的宗教觀念，滿族各姓所祀奉的自然神祖先英雄神多有神偶，以祖先英雄神偶為主。

　　薩滿教觀念中，神偶都是有靈魂的，有遠遠強於常人的

神力。神偶的製作是有嚴格的規約，只有薩滿或在薩滿操持組織下，才可操作。做神偶必選清淨之處，絕不能當著眾人面製造，只能做好後被族人所供。做神偶者都要淨身，做前禁止同房，數日內獨居另一淨房內，做時要洗手、焚香磕頭。也不是任何物質都可以做神偶，各姓有自己傳統的取材種類和取材方式，最重要者，所取之物必須有神異之兆。

神偶的祭品不許更改，敬雞者不能放鴨，祭魚者不能擺鵝，而且所祭物的顏色、隻數、性別都有定規，不如此會犯神怒。

各姓神偶均不向外洩露，有關故事、掌故只有本族主要成員知曉，對外人祕而不宣，否則就是褻瀆神靈，要受到責罰。各姓供奉神偶的規則和侍奉神偶的禁忌，均由本家家主向本家成員傳授，外人不得問津。做神偶的剩料不能亂扔。剩木可作蓋房用的室柱。剩下的皮料可作婦女用的坐墊；老人用的兜肚，護膝；婦女難產、痛經時，有的將神偶剩皮燒成灰喝下，以解病危。做神偶的用具，如雕刻刀、石鑽、磨石、火鐮、鋸等，必用新的或只用來製作神偶的工具，用完收藏，也不可亂扔，只能燒、埋，或扔江河中漂走，猶如滿族葬法。

神判，或稱「神驗」、「神斷」，是薩滿教中一項莊嚴的祭程。「神判」就是本氏族中所發生所遇到的任何重要事宜，要經過極其隆重莊嚴的祭禱儀式，祈神進行公正的裁決評判，而確定氏族部落中一時無法解決和認定的問題或事物。神判

的祭祀手段，主要是通過神卜。儘管方法與形式各氏族、部落有許多不同，有通過卜筮占卜，有通過火、水、猛獸等等，但其目的只有一個，通過所謂的神幫助人來判斷是非吉凶，從而確定行止。神判的舉行，一般是由於這樣幾個原因，才舉行「神判」：

1.氏族內發生重要的爭執與械鬥，氏族諸首領眾說不一，難以統一，關係重大，要通過神判斷明曲直；

2.幾個分支部落分配不勻，爭執不下，請神以神判方法予以財物分配，各支以神諭辦理；

3.氏族確定各分支的住地、獵獲位址、水源分配，以神判方式固定下來；

4.氏族新推舉的首領人數與任人不統一，或突然來客和入夥的外來人，不知其心跡真偽，舉行神判決定後，族人信服而號令統一等等。這些情況產生後，便要由穆昆（氏族）主持，薩滿祭神，舉行神判。也有的小氏族由氏族擔任專門卜筮的人進行神判，如火祭中各分支族人的住址選擇，用野雞飛落辦法神判營址；如全氏族遷徙一地後，以鳥飛翔辦法確定在哪裡安家落戶好。又如，雙方長期不睦、爭戰，用過火池的辦法，雙方都要從烈火中穿過，用火的神判洗淨身上的邪穢，燒除互不信任、互相攻訐的魔鬼心理，變成團結勇武的大部落。再如，東海窩集部的滿族人紐姑錄氏（郎姓），往昔每年春雪融化後，便到石岩中捕捉巨蟒數條，拿回部落，與本姓中之年輕人進行鬥蟒祭禮。據傳春天的巨蟒，剛蘇醒

不久，急著想吞吃食物，性情暴烈，性喜廝鬥，林中小動物都十分懼怕。全族人經過祭祀、焚香、擊鼓，年輕壯士突然抓住巨蛇，將其皮與肉分開，巨蟒死去，由此卜定全年是否風調雨順。蟒弱易死視為年景不好、多有瘟情。若年輕壯士與蟒捕鬥，蟒猛纏人身，束緊如鐵環越縮越緊，而人力不能支，便有另外壯士衝上去，將米爾酒與煙火燒烤掐著的蟒頭，蟒便舒展身軀，放其生還荒野。凡這種形態便視為大吉，說明今年年景好、人畜無災。這種蟒蛇卜便是神判，判定一年是否順利。而與蟒蛇搏鬥的年輕壯士，經神判後便被視為非常人，可選為首領，族人誠服。

　　據滿族長篇英雄傳說《兩世罕王傳》書中介紹，滿族先民女真人伏豬伏熊力士甚多，並窖捕成群「米哈倉」（野豬崽）在部落中馴養食肉，還常以智擒豬熊為卜戲。年輕的巴圖魯（勇士）們，用親手殺取的野豬牙，披掛一身，倍受族人敬慕。東海窩集部女真屯寨中，有鬥熊、鬥野豬、鬥蟒蛇習俗，其中鬥野豬最為驚險，非遇重大族事不辦。部落達（首領）或薩滿達以鬥豬或鬥熊卜歲，或借此驅避瘟邪，或氏族間因得失圍場與水源的復仇，舉行時由薩滿或部落首領或選舉出來的獵手承擔與野獸拚鬥，稱謂「神驗」，也即是宗教許願形式。獸斃曰吉，人傷曰凶。大祭時，先請薩滿請神，族眾吶喊為鬥者助陣。鬥者赤胸赤腳，只握一把石匕，立於木柵內。在神案前頭焚香，薩滿擊鼓唱神歌迎神。忽而，一人突開窖籠，野豬獠牙如刃，竄向鬥者。鬥者猛然從神案前躍

進，跳上豬身，野豬驚吼，獠牙豁地成溝。鬥者揮石匕刺瞎豬眼。野豬疼跳張口撲來，鬥者早仰臥豬下刺向豬心窩，很快掏出豬心肺，豬死，擊掉獠牙供於神案前，為大吉大順。勝者視為神助，死獸看做是神把魂取走了，因此凶豬敗亡。豬的雙牙，由薩滿穿孔戴在鬥者胸前。族人爭搶豬的肋骨等，磨製各種佩飾，繫於腰間，認為經過神驗斃命的野獸靈骨，同類獸遇到或嗅到都要匿聲逃遁。

　　滿族薩滿教以氏族為傳承單位，各姓薩滿有各自相襲已久的卜術，故而卜術的具體形態是異常豐富的，這裡擇要介紹。

　　卜異兆或異候、異象，是滿族薩滿較原始的觀驗性證候法。它主要憑藉著人的視覺、嗅覺、觸覺對某一客體的觀察檢驗，依據平常的一般性特徵來鑑別其偶發性的異態、異徵、異候、異象，確定事物的反常和吉順凶險。如，江河生泡沫卜為漲水；地穴生蛙為淫象，久居則生瘟疫；地穴蛇蟻聚亡卜生有鬼氣（沼氣類），必速遠徙；巢居無鳥，樹葉卷萎為時疫候，三日不遷則染病；魚群浮水面有沼毒，不可飲，卜為凶地；穴屋無火而燥熱，黃鼠、蛇、蜥、貉、鼬有穴不居，尾長驅遠遁，十日內必地動溢水，卜為凶兆；虎棲沃地，卜人宜居宜狩；深谷常霧，日陽無芒，卜為災象，只可獵狩，不可安宅；鳥群飛噪，連日不寧，必生災異，凶象可斷；黃花生，卜鹿獐，芍藥白，熊羆來，虎食人，洞中骨；豺食人，岡上骨；鷙蟒害，樹上骨，白骨陳野卜刀兵；草如柴，葉焦

落，蟲蝶死，塔頭熱，地生煙，五日不過卜流火；頭跳風，
脖跳驚，乳跳癇，腋跳臂，乳下跳生，乳下靜死，女腹跳子，
男腹跳脹，蟲瀉可卜；豬鹿驚遁，必有水火；山窩炸雷，卜
火卜亡等等。許多薩滿源於師教，口若懸河，皆能背誦不差，
平時告誡族人，為特殊情況時所應急的預防卜語和醫治急症
卜方。

　　骨卜：作卜器的骨類多用動物的骼骨，如虎、豹、熊、
狼、獾、猞猁、鹿、麚、野豬、犴、馴鹿、刺蝟、山羊、穿
山甲、大蜥蜴、狸、蝙蝠、鷲、鷹、鵰、雉、雁、鶴、牛、
馬、豬、羊、犬、雞、鴨、鵝、魚、水獺、水蛇、龜、巨蟒
等等。採用骨卜者，獸類多用牙、掌、骨、肋骨、胛骨、頭
骨、脛骨、尾骨、膝脛碎骨；鳥禽類主要用全身主要骨骼，
用線穿成的白骨完鳥，或用胸丁字骨、足骼管骨以及新鮮臟
腑；魚類主要用其喉牙、大魚鰓片、鱗片、臟腑等鮮骨物等；
龜用其甲殼。據某些姓氏的薩滿神本記載，古代還有人骨卜，
主要是用遠祖薩滿的頭蓋骨，非重大事情不能用占卜。骨卜
的方法有多種，主要是依據同片的紋路，拋擲的方位來卜測，
最普遍的是火灼法，主要是用火灼燒各種獸類或牛、羊、豬
的肩胛骨，然後看烘燒後的薄骨片部出現的裂紋，縱、橫、
斜、直、分叉等形態布象，用以釋譯，猜斷其「示語」、「昭
告」，以判斷未來會發生的事。

　　據已故滿族文化人富希陸所撰《璦琿祖風遺拾》中記大
樺樹林子滿族白蒙古的「骨卜規條」有百餘條，主要用於出

獵打狐狸、黃鼠狼、套廘子、攆豹子等出獵前使用，卜骨為灼肩胛骨。灼骨前要祈禱，要焚香，要在祖先祖案前先供上卜骨若干塊，叩首，說明卜意與問卜後，便在西炕地上灼骨，灼肩胛骨時，小頭向上，扇面在下擺在神案前，灼時可一點，即灼一孔，亦可三點，最多不過三點。灼後在灼點四周呈圓形燒灼，在圖形後又如太陽光線似的向四處輻射，在骨中看出白骨上彷彿燒成一個太陽，這是最吉祥的喜兆。灼後在灼點四周呈現不規則的如毛針似的爆裂紋，為凶兆，視為血光兆，多要暴發某件難以預測的凶事，獵人若得此兆，多認為是「獸吃人」、「槍藥傷人」等等，絕忌出獵。

　　草木卜：薩滿教採用植物為卜器者尤多，沒有嚴格規定，遇事遇險，隨手拾草木為卜，亦甚靈驗。木類如松、柳、榆、槐、樺、楊、柞、黃柏、楸、冬青、鑽心木、赤心木、空心木、爬山虎、爬地松、水生木、倒生木等等；草類為烏拉草、蘭草、苦房草、塔頭草、節骨草、車前草、蒲草、藻草、蘆葦、蒿草、菖蒲、葛類草、茅草、白頭翁等等；花類如鳳仙花、芍藥花、百合、黃花、迎春紅、杏花、山梨花、燈籠花、黃瓜香花、紫鈴花、山茶花、野菊花、金簪花、粉蓮花、牽牛花、雞冠花、婆婆丁花、冰了花、雪地杜鵑花等等，都可以隨時成為薩滿的頭飾、頭環，並作卜器所用。草、木、花類必選自高山、水濱、空氣清新而無畜糞汙濁之地。採時必在日出前有露者為最佳，採活木、鮮花、鮮草有水珠者，凡採之木多用其枝其皮，草用其莖，花用其苞朵，經焙製而後

卜用。薩滿用花木草等占卜，主要卜豐稔、蟲害、年景、疫
疾等，茅草、樹皮等斷其絲紋，並卜凶吉諸事。

　　星卜：最初的薩滿教星卜，多屬自然界的占候性質的占
卜，占視風向年景，陰晴寒暖等，後來隨著社會的發展，原
始的星象學隨之產生，依據北方地域地理特點產生了冬令星
圖等等，又受漢文化影響，十二宮及二十八宿等和五大行星
運行、日月升降等在薩滿教中亦有廣泛傳播。在星卜中多以
三星、北斗等為主，用來星測時辰和方向。除此，根據星斗
的分布、顏色、光度、滑抖等變態，繪製了占卜星圖。

　　金石卜：在薩滿占卜中還用五彩礦石或打製石器作卜器，
多為傳年久遠的各種形狀石器，既可做神衣佩飾，又可為占
卜神器。此外，銅鏡、瓦片、瓷片、琥珀、琉璃球、針、簪、
元寶、銀鑼、古代劍矛、銅鈴、鞍飾、古笛、古口絃琴等金
石製品，都可以作為卜器。但是，凡選作薩滿珍藏的卜器者，
多數都屬於兩種來源：

　　1.祖先數代傳承下來的生活遺物和薩滿先人傳宗下來的
遺物，便視為珍寶，含有靈魂之氣，祕為卜物；

　　2.由某一代薩滿或本民族人所挖掘、征戰得到的古墓中
之遺物，年代多有數千年之久，便視為含有幽冥之靈氣、神
氣、鬼氣，便可祕傳為卜物，可以「占鬼」。

　　夢卜：人體的特異活動如突然心跳、眼皮跳動、耳鳴、
頭髮根發緊、恍惚中有人呼喚、自言自語、打噴嚏、手中物
突然丟失或失而復得、做夢等等，都被視為不可思議的某種

災喜出現前的先兆。在薩滿教中，上述種種人體出現的體態變化，都被薩滿自身占卜或囑當事者自卜的依據，其中尤為夢卜與圓夢最為突出。中原巫術與夢卜的書籍浩繁，影響深廣。滿族的夢卜傳播亦極普遍，其中與中原諸地夢卜與圓夢釋析內容，基本上大同小異，而且有許多已經無法考究其源，已經相揉融於一體了。

　　神偶與神器占卜在薩滿教占卜中占有突出地位。神偶分木神偶、骨神偶、石神偶、革神偶、帛神偶等多種形態，包括自然神祇、圖騰神祇以及祖先神祇。有的神偶是人形，許多神偶為某種神祇的象徵物。薩滿及族人視神偶為神，故而虔誠攜帶或者供奉於神龕和神匣、神簍內。諸神偶占卜，對薩滿教信仰者來說，便非常虔敬地看成是在迎請某一位神祇親臨現場，為族人卜斷疑難心情，尤比其他占卜法更具有神祕性與莊重性。占卜時要焚香，要殺牲獻血，要給神偶嘴上塗血，然後才能占卜。卜問情由，一般是跪看神偶是否有晃動感，或看盒中神偶臉朝上朝下，或在眾神偶中用手摸出其中一位判定是何？性質災難（因神偶各有所指），或者晚上同夢卜結合判斷，也可與骨卜等相結合判斷。總之，在占卜中禮序甚嚴甚多，非一般事則不敢擾動神偶占卜。許多形式的占卜，非薩滿在場族人也可自占，但請神偶卜多為由薩滿所占的。因為占卜中許多咒語、讚語以及占卜中神偶表示態勢一般人不可解，一般家庭便不擅用神偶卜。

　　薩滿所用的神器如鏡、鈴、刀、酒蠱等等，往往亦可用

以占卜，為治病、問事、求財、解難等族中雜務時使用，這些也是專由薩滿進行。此外，神偶與神器代作占卜使用時，也可能因為跳神祭祀，祈卜祭祀中事事順利或者薩滿患病、死喪、葬禮、尋魂、問卜等，由族中薩滿舉行神偶卜或神器卜的。據傳，薩滿神器無人而顫，無人而響或得夢兆，多有異凶。薩滿必殺牲大祭，祈求神悅人安。❽

七、薩滿葬禮與禁忌

　　薩滿葬禮：據《寧安縣誌》載：「昔時薩滿之死，其屍葬於樹上，遺迹至今有存者。蓋葬於樹之上，選大樹之枝葉繁者，伐其枝，穿穴於幹，以可以納屍為率。今於樹幹之者，又棺中有破腦蓋及數片殘骨並鐵片、銅片，可證為薩滿之裝飾、衣服等具也。」這種樹葬象徵薩滿靈魂能攀上天樹，重返天穹。後來，土葬逐漸代替了樹葬，但將其神帽、神衣及其他神器隨葬的習俗相襲久遠。

　　薩滿禁忌：薩滿對所祀神靈平時忌諱談論，當老薩滿晚年時，才把本姓的神話傳授給得意的弟子。傳授時，還得洗手、漱口、焚香，弟子在地上跪著聆聽，十分莊重。本姓的神話一般不外洩。平時，恭放「窩轍庫」（神龕）的西炕不住

---

❽ 詳見富育光《薩滿教與神話》中《薩滿卜術》一節，遼寧大學出版社，1990年。

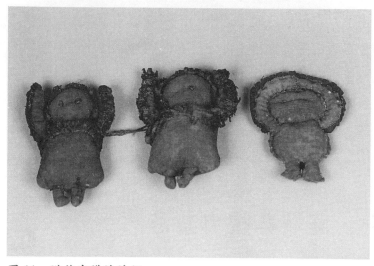

圖 11　滿族守護神神偶。
　　　　流傳於吉林省吉林市地區的滿族守護神皮偶，其雙手高
　　　　舉，象徵其永在天空中飛翔，守護著氏族。

人，做神糕的女子必須「身子乾淨」(不來月經時)；做犧牲
的喜豬不能有雜毛等各種禁忌。

第三章

滿族薩滿教信仰觀念

宇宙間存在的各種神靈，

它們按照自己的觀念、愛好、習性、稟賦、好惡、特性等因素

在宇宙間生活著；

按各自的生成本原與各自的生息生存軌道活動著，

自生自存，

尊其本原、亙古長存，

是謂原道。

滿族薩滿教以「萬物有靈」觀爲基本思想，在此思想基礎上的具體信仰觀念是十分複雜而豐富的，其主要的信仰觀念有以下幾種。

一、 神祇原道觀

據滿族有權威的神授薩滿言：神是一般人類看不見而確實存在的一種具備萬能力量的氣形幻象實體。它往往依託一種物質而運用其力量和影響。獲得某種特質的薩滿們，能肯定地承認和自感到宇宙間有著一種幻力，在衝擊和寄寓於自身實體中，忽生忽滅，忽來忽逝，影響並左右著自身的活動能量，有時使自身在昏醉中完成許多常人難以承擔的超人動作。對於這種現象，薩滿教稱爲「降神」、「有神」、「神附體」。也只有具備這種舉動的薩滿，才算實有神功，是名副其實的神人中介的真正薩滿，他們可通神，也可以洞測神道，對宇宙神域中的幻象所知、所解、所覺、所聞、所見，能隨時尋得宇宙寓神之所，能交好宇宙泛神，能造訪宇宙神域，進出於神人之間。老薩滿教將這種功能稱謂曉徹神祇原道。薩滿教認爲，人世間之外包圍著整個宇宙，不分天上地下到處都是神域，不論這些神祇的原道來自何屬，統稱爲神寓之所。宇宙間存在的各種神靈，它們按照自己的觀念、愛好、習性、稟賦、好惡、特性等因素在宇宙間生活著；按各自的生成本

原與各自的生息生存軌道活動著，自生自存，尊其本原，亙古長存，是謂原道。諸神祇還可以自由存在或穿行於人世間。因此，人自身以外的客觀世界都可能有神祇棲居，並可能對人有巨大影響。要認識它，結識它，惟有神的選定代表即薩滿自身所知、所覺、所悟、所解、所聞、所見，才能體察到神祇的存在與意願。世間數不清的神祇們，都有按照各自生存之道在神界中生活，像人一樣有情欲，有喜怒哀樂，有人的一切意念與個性，而且又有遠高於世人的幻術、奇能等超自然力量。這種神力又分類屬、區域、性質、譜系、大小、高低、遠近、善惡之別，而神力入世或與人發生交往關係主要憑依薩滿祈、祭、夢、授等不同途徑，按神祇原道予以祈請，藉其神威，施展神人中介、溝通祈願等能力，以實踐諸種祈祝意願與目的。

　　祭祀諸神時，是根據某種意願，迎請轄司某一職位的神屬臨降，絕不是所有的眾神都要迎請，而是有什麼事請什麼事屬的神祇，不至於在祭請中請來眾多雜神，既褻瀆不恭，又達不到祈願目的。❶

二、氣運說

　　薩滿教認為：在宇宙世界中存在著魂氣，滿族呼姓大薩

❶ 詳見富育光《薩滿教與神話》，遼寧大學出版社，1990年，頁16–20。

滿毓昆即言「萬物皆有魂氣，人有魂氣，樹有魂氣，鳥有魂氣，狐獸等有魂氣，石有魂氣，江有魂氣，山有魂氣，星月等有魂氣，魂氣無不有，魂氣無不在，魂氣無不繁榮昌盛，魂氣無不降，魂氣無不流，魂氣無不遊，魂氣無不入，魂氣無不隱，魂氣無可見，魂氣卻可交，魂氣長不滅，魂氣永不消，言神不玄祕，魂氣侵體謂有神，何魂何氣謂屬神，魂氣常存謂領神。」庫倫七姓光緒16年薩滿神諭則稱:「神為氣屬，薩滿得氣、領氣、用氣為有神。」認為客觀世界存在有獨立游離於生物之外的魂魄，可以不依生命體而長存長在，是它的形聚顯露和力量左右著人而產生神念神感。宇宙中充塞著一種氣質氣素。氣，神祕不可測，能作用於人、作用於物、作用於客觀任何現象，這種氣質氣素就是魂魄的具體形態，它的活動即是神兆、神顯、神威、神示。氣運說是其神祇原道觀念的核心。薩滿能模仿、憑藉、汲納、匯集、運籌、施布這些彌漫之氣，而為本氏族祛病除邪、庇佑子嗣、卜其未來。各姓諸耆老長輩們，在測試年景和族事興哀等都要卜占「氣運」、「氣候」諸神象。老薩滿謝世和族內教「烏雲」培訓新薩滿，測看的兆候主要是其氣量程度和得氣顯現狀況。神選薩滿或稱「神抓薩滿」，首先要看其氣質，喜「靜思」、「幽氣足」、「頤氣養神」的人不分男女均可做薩滿。學薩滿，俗稱「教烏雲」（滿語）。首先要招神、洗身（潔身），用燒煙火香紙煙等熏烤。相傳熱煙可以「動氣」，使學薩滿的人被煙火熏蒸得周身熱氣迴旋，暈轉悚慄，眼裡可以出現幻影、兩耳可

以聽到異響，或有不知出自何方的嚶嚶耳語聲，在暈旋臆念中可悟其語意。這便是成功的得氣領神過程。薩滿學成後，在為氏族屢次祈神服務中動氣功能日深，而神技神語日多，便會逐漸成為獨有神路，自成神系，倍受尊崇的氏族大薩滿。凡著名大薩滿，都在平日積習氣功，練嗓氣、心氣、臂氣、腰氣、目氣、腳氣，祭祀時身披數百斤重的上百件神器，唱念縱躍數夜數日而不見衰憊，甚至祭祀間薩滿不飲不食，而精氣足、目光明、睿志清，尤為族人敬畏。這些現象，薩滿們自解為有「氣運」、「氣度」，是在長期磨鍊中所獲得的氣化之功。薩滿祈神中的蹈火、潛水、舉重、飛升、縱高、墜穀、穿火靴、過釘氈、滾針路、撫利刃等等，都源於用氣化功能。據薩滿自述，薩滿教氣化神功不單來自於體內，而是藉外氣引內氣產生神氣功能。請外氣而生神，而完成薩滿某種神事職能。如果外氣弱或外氣消，薩滿也便瀕臨衰老或死亡，便再也起不了人神中介的作用了。

　　薩滿教還認為，薩滿外氣消失，並不等於外氣殞滅，其氣仍然留存於世間，待到一定時候這一外氣重新依附於另一族人身上。這一族人重新領氣後成為本氏族另一代（輩）的氏族薩滿，與前代薩滿的內氣相揉，形成獨立的神系神路，為本族服務，成為又一位德高望重的大薩滿。從薩滿自身來看，薩滿代代傳承，實為薩滿的神氣世代傳承與承繼的關係，一代代作為具體人的薩滿可以逝去，但作為神氣、氣化的薩滿神氣卻永遠代代相傳、世代更替。❷

三、靈魂觀

　　薩滿教認為萬物均有靈魂，而人的靈魂有三個：一是「命魂」，即滿語「發揚阿」，人與各種生物都有，與人和生物的生命同始終，人活著主要是靠這個魂生存於世間。二是「浮魂」。浮魂有兩種形態，一為「夢魂」，它是在人身上和高等禽獸鳥蟲中才具有魂魄。它的特點是可以不完全依主體而生存，可以暫時游離徘徊於主體之外，與其他生物主體相互發生聯絡關係。夢是這類魂氣的作用結果。浮魂的另一重要形態是「意念魂」。它比夢魂更活躍，是人生活於世間最重要的求知魂，意志、卜擇、暗示、潛誘、慧測、靈技等超於常人的特能都源於這個魂魄的潛力。這個魂也受外界的影響。如在某些祭祀中，薩滿時常通過神祭引來天光日光到靈物上面，將靈物掛在或繫在族人身上，便認為可以使人由愚變智、由弱變勇。這是七色陽光對意念魂的作用結果。三是「真魂」，滿語稱「恩出發揚阿」，意思是「神魂」，藏於牙齒、骨竅與頭髮之中，是人與動物最有生命力的本魂，是永生的魂和能夠轉生的魂。薩滿認為人的身體死後很快就腐敗了，但藏於牙齒、骨、髮中的真魂能永世長存。薩滿通過一定的神術招魂，仍可見到真魂，或偶然顯現甚至可以交流對話。

---

❷ 詳見富育光《薩滿教與神話》，遼寧大學出版社，1990年，頁21-25。

依據這種真魂不死的觀念，通過薩滿的神術，去九天寰宇中為人們尋索某人某動物的真魂，要經過若干時間的艱辛跋涉、周旋，才能將其請回人世，並用特定的物質——石、木草、革、帛、獸骨以及近世的鉛、銀、鐵等物質，製作真魂依附棲居的神偶，能日夜守護與庇佑氏族或部落。

薩滿教認為，魂亦屬於一種氣態物質，又稱魂氣。民間傳說其顏色多為黃褐色霧氣或黑色霧氣，形狀變幻莫測，有時像橢圓形氣狀依附某處，有時像水珠流溢滾動在葉草或溼潤器物上，而有時又多變為小黑團如小鳥浮游在空中，有時狀如小人形，於地面飛馳。魂氣遊浮、移動、變幻、輕柔若棉，其形只有薩滿或含某些物質的男女，不論大人小孩，可以看到，而且認為人初死或人亡不久，其「浮魂」常可以看到，使人們誤認為實見其人，俗稱「幻影」。❸

四、九天三界說

早期滿族薩滿教認為天有多層，有九層、十七層等多種說法，後來多認為自然宇宙分為九層，最上層為天界、火界，又稱光明界，可分為三層，為天神阿布卡恩都里和日、月、星辰、風、雲、雨、雪、雷、電、冰雹等神祇所居。除此還有眾多的動植物神以及諸氏族遠古祖先英雄神，高踞於九天

---

❸ 詳見富育光《薩滿教與神話》，遼寧大學出版社，1990年，頁26–28。

圖 12　滿族風神面具。
　　　風神在滿語中稱「阿布卡厄頓恩都里」，意為天的風神，
　　　是女天神的助手、創世神，原為黑水女真人的古神。風
　　　神降臨祭壇時飛沙走石，代表宇宙中的風雷，象徵著宇
　　　宙的靈威。神偶眼睛兩側的木紋，象徵著在風中忽聚忽
　　　散的雲彩，紅黃頭色，代表太陽與大地的顏色，象徵其
　　　在天地間漫遊。圖中面具流傳於黑龍江璦琿。

「金樓神堂」之中。在許多姓氏繪製的影像圖中，可見九天
上有神鳥，左日右月，光照寰宇。中層亦分為三層，是人、
禽、動物及弱小精靈繁衍的世界。下層為土界，又稱地界、
暗界，亦分三層，是偉大的巴那吉額姆（地母）、司夜眾女神
以及惡魔耶魯里居住與藏身的地方。薩滿是「九天」的使者，
既可飛升於高天之上與神通，又可伏治中界的精靈，更可以
馳降於地下暗界最底層，去剷除殃及人類的諸魔怪，並隨時
迎請地母神巴那吉額姆給予大地以豐收和富足。

第四章

滿族薩滿教祭禮

就在這災難裏啊，
什麼生命也難活。
男男女女掙扎滅絕，
漂流啊無處棲身。
遠處來一位海豹神靈，
把男女馱到身上。
這是天上薩滿助佑的，
到島上洞裏生育後嗣，
人類才得以綿延。

與基督教、佛教、伊斯蘭教、道教等宗教相比，薩滿教沒有巍峨華麗的教堂、寺觀。薩滿教祭祀神祇的祭壇，或在潔淨的水濱旁，或在挺拔的古樹下，甚至在普通人家的庭院中，但是它的重要性並不亞於上述宗教的祭壇。薩滿教祭壇是薩滿召請神靈以戰勝邪魔、病災的直接與神相通的地方，是關係到整個氏族、部落眼前的行止、休咎、禍福以及將來的綿延、興盛的神聖場所。在這個聖壇上，薩滿以種種神奇的象徵意味濃重的歌舞、神技展示出一幅幅人與神、歷史與現實、世俗與神話世界融匯一體的文化景觀。

滿族的薩滿祭禮一般在氏族內舉行，但也有一個部落甚或幾個部落的大祭。滿族居住區域廣闊，各地的經濟、文化形態不盡相同，因此其祭禮的形態特別豐富多彩，下面介紹其中最有代表性的祭禮。

一、星祭與原始天文學

《吉林通志》言：「祭祀典禮滿洲最重；一祭星，一祭祖。」實際上，祭星習俗要早於祭祖禮儀。滿族早期星祭中禮拜的多是北方星空中常見的冬冷星宿，俗稱「祭冷星」，這些星宿專屬司寒司夜的穹宇神群。此外，還有迎送「舜莫林」（日馬）的宇宙火神、布星女神和教人類謀生技藝的媽媽神群。在祭禮中統稱「圖們烏西哈」（萬星）、「明安烏西哈」（千星），或

「奧倫渥車庫」(辰星祀壇)，或烏西哈瑪發 (星神)。這些星
群，有生命、有靈魂、有知覺、有洞測些微的眼力、有人的
性格和情感，像人一樣奔忙，它們是和諧平等的天穹家族的
成員，具有超凡的神力，像鳥一樣光耀的羽翼，飛翔在天宇
中，所以神諭中稱其為「臥頓嘎思哈」(宇鳥)，或稱「愛新
嘎思哈」(金鳥)、「猛溫嘎思哈」(銀鳥)。它們扇動著閃光的
白翅膀成群結隊、秩序井然地由東朝西飛行著，朝朝如是，
在黑夜中追趕月神和日神，把白色的光耀帶給人們。所以，
星祭是薩滿祭禮中的重要組成部分。

　　往昔，在滿族背燈祭時，薩滿要身圍白裙，搖動腰鈴或
洪鳥 (鈴)，兩肘扇動，象徵布星女神臥勒多媽媽飛翔在天的
英姿。同時誦唱神詞，神詞中道出了臥勒多媽媽的非凡來歷，
她是創世三姐妹神之一，她人身鳥翅，身穿白色羽毛袍，背
著裝滿星星的小皮口袋。薩滿要求她賜給白翅膀，指派星辰
嚮導，借助「星橋」歇腳，才能跋涉遠端，登上九層甚至三
十餘層的宇宙高天之上，去尋訪宇宙神祇、動物神祇和本氏
族祖先神祇。

　　東海窩集人星祭一歲兩舉，可單祭星，亦可與祭祖同祭。
初雪時祭星為祈求冬圍豐盈；正月祭星為除祟祛瘟，祈祝康
寧。屆時均要選擇上瀚晴夜。初雪祭星要在奈呼烏西哈 (眾
稱七女星，昴星座) 升上東天時，燒伐倒大木九棵，濃煙升
騰如九條通天白柱，稱為「星橋」，可與天通。同時鼓梆齊鳴，
火逐穢照明，可盼星神不遭邪侵，夜夜明亮，為人間指路傳

遞吉音。正月祭星除九堆火柱外，還要用鹿、野豬、大雁、山雉等活物的鮮血於火堆和山林中，熏烤野牲肉的祭品，食具均用木碗木耙草稭，表現出古代野祭中的會食習俗。

其他滿族各姓的星祭也很有特色。《舊城舊聞》載：「是夕祭星東房煙筒前，大祭之後在一日之內祭星，擇吉期初更星斗均齊，在房西向北斗，設香案柳枝一棵……用細麻繩穿雞膀翎搭於柳枝之上。」（見《龍江縣誌》）吉林烏拉地方的伊爾根覺羅爾祭星「設長桌請木祖（祖先祖像）同祭」。所用的豬「重不過五十肩力即妥」，並用七垛蕎麵餅「按七星法擺之」。

永吉縣趙姓祭星中殺牲人「身穿黃紗袍，名曰祭星衣服」。徐姓星祭中，比其他姓氏多祭一個星座──跟斗星（俗稱「羅鍋星」，即仙后座）。相傳，該族先人在山中遇雪崩，靠「跟斗星」照路，才逃生幾人，在榆樹林裡，吃榆樹皮繁衍成大族，所以他們不僅祭跟斗星，而且供榆神「海蘭渥雲」。清朝宮廷星祭「昏夜於室西山牆外以小豬祭天者謂之去祟」，復有夜祭七星者謂之「禳祭」。

滿族中還有幾個姓氏薩滿會聚祭星的盛典。俗話：「同族祭星，同姓祭祖」，星祭打破了氏族界限。往昔，吉林鳳凰山一帶的滿族，在嚴冬祭時，各姓共推德高者為總祭星達。白羊、白馬、白兔皮均可製祭服，但必以皮為面。穿上祭服的各姓薩滿分管鳳凰山四處，擊鼓誦唱「喚星神贊」，參祭的男女老幼彼此呼應，聲傳數里，俗傳星愈喚愈明，邪惡不侵。期間，還要殺牲獻血，往火中投灑血、肉、穀粒、米爾酒，

然後用白石壘竈燔肉。祭星後族眾圍聚在一排排列滿山陽的大槽盆四周，手醮鹽水會餐「天火肉」。若有外族過客，視為送喜，挽留款待，奉為上賓，因祭眾越多，布星越齊，年景越佳。祭期，族眾在夜晚競比火技、火圍、火陣（鑽火龍、擺火陣、套火鴨、盪火秋千）、火中騎射等雜技。清中葉後還燃放各種煙花，表演磷火幻象。是時，用白雪冰塊堆成的觀星臺頗像銀塔，每節築有塔窗，可從中間冰梯登頂，到夜裡磷火閃光，如天降星塔。另在山頂用雪堆成神獸、神鳥等，在變幻的磷火中如神祇降地，奇妙壯觀。其中競技奪魁和雕技優秀者，旗衙門賞其騎馬遊街，稱為「星官」，並由其向各戶分贈各種花鳥獸形的餑餑（滿語，糕點），視為殊榮。

在數日豪歌歡舞的星祭中，若偶見有蛇從火堆下熱洞爬出，視為大吉兆，切忌踐殺。人們將篝火點得很亮，再殺牲血祭，誠謝蒼穹，歡呼：火蛇來啦，冬天不長了。

1991年富育光、王宏剛等人在吉林省永吉縣土城子鄉拍攝了《滿族星祭》專題片，現將其主要祭禮簡介如下：

滿族的星祭一般是在冬季舉行。祭星壇分為兩層。一層設在山坡上，一層設在山坡下。山坡上的祭壇是用潔白的冰砌成的，通往祭壇的梯子也是冰製的，祭壇的左後方有冰砌的星塔，內有長明獸頭燈。星塔前豎立著冰雕成的神獸偶，稱為護塔神獸。山坡下的祭壇設有供桌、神案和香草堆成的聖火堆，平地上還畫出用以布列各種星圖的布星區。

星祭開始前，族人向祭壇敬獻各種珍貴的供品，如活鹿、

天鵝、鮮魚以及祭星餑餑（糕點）等。之後，薩滿跳起踩牲
舞，行領牲禮，再後，薩滿口念頌贊詞「佛箔密」：

> 某年屬××的男薩滿，迎接那丹那拉呼，請降臨到薩滿祭
> 祀神堂。為神事跪拜，備好了家牲，臨降吉祥，恩賜太平。
> （原文是滿語，富育光譯，下同）

　　從頌贊詞中可以看出，獻牲祭祀的主要物件是「那丹那
拉呼」，即臥勒多媽媽。「那丹那拉呼」意為「七女星」，是初
秋後東天邊最早出現的七顆星，這就是臥勒多媽媽的星圖。
族人做好一切祭祀準備後，就靜靜地等待著臥勒多媽媽的降

圖13　薩滿請臥勒多媽媽。
　　　1981年吉林省永吉縣滿族所舉行的星祭，圖為
　　　主祭薩滿在松花江畔的祭星冰塔前請布星女
　　　神臥勒多媽媽之情景。

臨。傍晚，當東天邊出現七女星時，主祀女薩滿的神鼓聲中登上了冰砌的祭星壇，點燃起冰梯兩側的九個香草堆。只見白色的煙霧沖天而上，在天空中連成一座煙橋，被稱作「星橋」。它是人們向眾星辰神的通報，也是星神降臨的通路。

臥勒多媽媽通過星橋自天而降後，女薩滿便拜星塔，拜護塔神獸，再拜四方。拜四方要從東方拜起，因為東方是臥勒多媽媽降臨的方向。接著女薩滿念誦「喚星神語」：

> 村屯迎請吉祥的神，誠請那拉呼（那丹那拉呼的簡稱）享祭肉。在萬星升起時，敬請那拉呼。在千星中，敬請那拉呼。在高棲雲天的鷹星和布穀鳥神中，敬請那拉呼。擇新月，在祖先眾星中，敬請那拉呼。在遠處拉出繩索，敬請那拉呼。

在女薩滿呼喚臥勒多媽媽的時候，祭星壇後的九杈高杆上升起了七女星的星燈。這星燈是用高粱稭編織的紙燈籠，上面彩繪著臥勒多媽媽的星圖（見圖）。這是神聖的星辰神燈。與此同時，山坡下祭壇內的布星區中點亮了七盞冰燈，構成了七女星圖。於是，山坡上的星辰神燈、平地上的冰燈星圖和天穹中的七女星座交相輝映，組成了人間、天上恢弘壯麗的景觀。

在族長的率領下，族人齊行叩拜禮。女薩滿帶領眾人高呼：

女薩滿：金色的那拉呼

眾　人：那——拉——呼

女薩滿：眾星中的那拉呼

眾　人：那——拉——呼

女薩滿：萬星中的那拉呼

眾　人：那——拉——呼

圖 14　那丹那拉呼星圖。

　　這深情、激奮的呼喊聲在原野、山巒間迴盪。女薩滿跳起了激動人心的臥勒多媽媽神舞。她像一隻穿雲破霧的巨鳥，扇動著雙翅，時而旋轉，時而前進，時而後退，盡情地飛翔著，與風雷搏擊著。終於她盤旋著飛到熊熊燃燒的火盆前，從小皮口袋裡掏出木塊，撒到火盆裡，火勢旺起，女薩滿抓起燃燒的木塊，向空中揚撒，形成了一簇簇火流星，飛向四周，劃破了夜幕。這場面再現了宇宙之初臥勒多媽媽布下眾星的壯舉。

　　在人類拓闢洪荒時期，如何度過漫漫長夜——北方的冬夜尤其長，怎樣在黑夜中不迷失方向，並抵禦凶禽猛獸的侵害，人們把生活的希望與宗教的神思遐想寄託於生命的光源和庇護者。所以，能布下眾星的臥勒多媽媽必然受到族人最虔誠的敬愛與膜拜，將她視為眾星領星司命女祖神。

　　臥勒多媽媽還是薩滿重要的護佑神。薩滿的主要職責與功能就是與神祇相通，即他（她）們的魂魄能上天入地，甚

至到九層（或說十七層、三十三層）的宇宙高空之上，去尋訪、迎請宇宙神祇，動植物神祇，本氏族的祖先神祇，其間要經過漫長的路途。在薩滿魂魄飛天的漫長途程中，必須祈請臥勒多媽媽賜給白翅膀，並指派天上的星神導引、照明、護衛和供應飯水，或借「星橋」給其做歇腳包（家），才能跋涉遠端，到達目的地。所以，新薩滿學「烏雲」（烏雲，薩滿教專用語，原意為旋天，即薩滿的基本功，後成為新薩滿學習神術的統稱）或舉行某項神事活動，往往要先禱祭星辰，當與臥勒多媽媽的這種護佑職能分不開。

臥勒多媽媽帶來的星辰神族中，有相當一部分是女神，其中具代表性的有：

刺蝟星女神

恩都里僧固，即刺蝟星女神，俗稱刺蝟星，因其主要職責是為人類守護宅居，又稱房架星，形象如刺蝟。於霜降初期，由中天銀河中相當於天鵝座（見圖）的十餘顆明星組成，西移位，是重要的方位神，連清宮堂子祭的夕祭中也有這樣重要的女神。在滿族創世神話中說：恩都里僧固原是天母阿布卡赫赫身旁的近日女神宥額媽媽，是巡查大地顫動的使者。冬雪時，她引導太陽女神臨現寒空，照暖大地。後來，天母為了戰勝惡神耶魯里，給她渾身帶上了不少小神，靠著她，反敗為勝，戰勝了惡神耶魯里。以後，變成刺蝟形態的宥額媽媽就叫恩都里僧固了，仍為天母守天，成為刺蝟星女神，

已經過了幾萬年。她夏天頭北尾南，冬季頭南尾北，為人類指明方向。她能庇護人類的居室不鬧瘟疫，不被風雪所毀，是人類的重要守護神。

在星祭中，薩滿在敬請這位女星神時，要唱如下神歌：

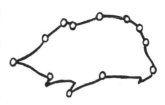

圖 15　恩都里僧固星圖。

刺蝟星啊! 在天之中，安宅之星啊，驅鬼怪啊，驅鬼怪。

當然，當刺蝟星女神臨降後，也要升起有她的星圖的星神燈，並點燃構成星圖的冰燈。星祭將北方先民在漫長的歷史歲月中形成的薩滿教星系圖與原始天文知識世代傳遞，一直傳到今。刺蝟星女神成為滿族的守宅神，所以，在往昔滿族蓋新居的時候，首先要祭奠她。將刺蝟作為守宅女神也是人們現實生活的一種需要。在滿族的漁獵生涯中，刺蝟往往與人相鄰，如有時流行瘟疫，牠們必先得，並有明顯的反映，實際上牠們成為人們居地安危的警報器，而且牠咳嗽的聲音酷似人類。這些有趣的自然現象，很可能使初民將這平凡的小動物幻化為威名赫赫的女神。

這位重要的星辰女神，在滿族神話傳說中，就成了善良的女靈獸。有神話講：人類的始母赫赫被魔王壓到海底後，刺蝟給她打了一個通風洞口，使她活了下來。此外，在滿族民間還流傳著不少刺蝟神惠世濟人的傳說。

鷹星女神

　　鷹星女神嘎思哈，或稱「達拉呆敏」、「代敏」，是星祭中主祀的星神之一。

　　薩滿在祭星壇上迎請鷹神時，要唱如下神歌：

> 鷹星啊，在天之西，薩滿靈魂寄所，光耀啊，光耀！嘎思
> 哈鷹神！

　　在近世薩滿教聖壇上，鷹星神的性別往往難以辨別，但只要追本溯源，它是女性神是確定無疑的。而鷹星神與薩滿靈魂的密切關係卻清晰地傳承下來了，在上一段神詞中，我們看到是將鷹星神看做薩滿靈魂的寄所。也就是說，作為部落時代的文化之師、氏族之魂的薩滿死後的魂魄要到其始祖女神那裡去，仍然守護著自己的部落、氏族。因此鷹星是薩滿教星系圖中最為宏大的星座，她的形象是一隻巨大的振翅飛翔的巨鷹。每當秋分後子夜丑時或正月亥時許，見西天有一個由雙子、禦夫、小犬、天狼、參宿、觜宿、畢宿等星座的千餘顆星組成的超級巨星座（見圖）。獵戶星座與金牛星座組成了她的兩隻金爪，波江星座像條繩拴著神鳥的左腿。她高居於西天（北方民族的原始方位觀中，以西為尊，不是因為西天有佛，而是平時在西炕或西牆祭神。鷹星神居西也是形成這種風俗的重要原因），兩眼直視大地，洞察著人世間的

善惡；她雙翼張開直指南北，遮天蓋地。

圖16　嘎思哈鷹神星圖。

　　鷹星神不僅是薩滿靈魂的寄所，而且是薩滿神力的象徵。薩滿最主要的職能是與神祇相通，這要靠其魂魄的旋天能力才能完成，所以旋天術——經常被稱為「烏雲」，是薩滿最重要的神術。而生活中的鷹不僅能目視千里，且能在雲天中縛天鵝。鷹的這種翔天能力，成了薩滿旋天術的最好象徵，所以，我們在近世薩滿的神服、神鼓中看到不少繪有鷹神的圖案。神帽上的鷹形裝飾更是普遍，有的神帽上多達九鷹或十七鷹之多，表示薩滿神力的高深。在祭禮中，薩滿經常要走「八字步」，即步步生風的鷹步。鷹神降臨時，薩滿要轉「彌羅」，即急速旋轉，表示鷹神在天穹中轉雲圈的英姿。「彌羅」也顯示了薩滿魂魄凌空飛天的神力。

　　有趣的是，在威震寰宇的女鷹神左腿上拴了一根小繩索，這小繩索是誰拴的？幹什麼用的？在我們調查了滿族馴鷹習俗並拍攝了《海東青（一種鷹的名稱）》專題電視片後，這繩索之謎得到了解答。原來，在滿族的漁獵生活中，鷹是其重要的狩獵工具。獵人用網誘捕野鷹後，經過熬鷹、跑繩等一系列有趣的訓練，就能變成聽獵人使喚的「熟鷹」。「熟鷹」腿上拴有小繩栓，以便獵人控制牠放飛的時機，獵人靠迅如飛箭的熟鷹捕狐狸，抓山兔，捉野雉，收穫頗豐。據史籍記

載，契丹、女真、蒙古、滿族等北方民族的首領也鍾愛獵鷹。
所以鷹星女神腿上的繩索即獵人放鷹的繩索。由此，還使我
們聯想到，在鷹神祭祀裡，要表演一大段獵人餵鷹、逗鷹等
馴鷹舞蹈。這一切表明：

　　1.北方民族馴鷹的歷史相當古老悠久；

　　2.所崇拜的鷹不是自然界的野鷹，而是成為人類助手的
「熟鷹」，意蘊著人類自身的文化力量。

　　在撲朔迷離的原始自然宗教中，人類並不完全匍匐在自
然威力前，而是用集體的文化力量與自然抗衡著，人類改造
自然的創造力在宗教中被曲折而神祕地反映出來。

鼠星女神

　　興惡里烏西哈，鼠星女神，因其職責是在冬季迎接太陽
女神出來，所以也被稱為迎日女神。在滿族創世神話中，她
不僅每天迎接太陽，而且按天母阿布卡赫赫的吩咐，將太陽
的光芒送到世界每個角落，驅走惡神耶魯里帶來的黑暗。這
是一位吉祥的光明女神。她的星座形象如鼠（見圖），由獅子
座組成，於秋分後東升西落。薩滿以她的方位變化來卜測冬
季的雪量和風力。在星祭聖壇上，薩滿要唱如下神詞：

　　　鼠星啊，光明之星，占卜山嶽，迎接日出。

神歌唱出了這位女神的重要職責。

　　在滿族民俗中，鼠是象徵多
子的吉祥靈獸。一般滿族人家，
多在龍虎年修譜，以取龍騰虎躍
之意，企盼宗族的興旺，但某些
人丁較少的姓氏，則選擇鼠年修
譜，鼠繁殖力強，是多子的象徵，
鼠年修譜就是祈願家族子孫眾

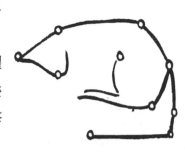

圖17　鼠星興惡里烏西哈。

多。北方山脈中，不少以興安嶺取名，如大、小興安嶺，黑
龍江以北的外興安嶺，興安嶺即「興惡里」諧音，即鼠。在
神話傳說中，興安嶺是鼠星格格的化身。

羅鍋星神

　　塔其媽媽，因其形背脊突出，俗稱羅鍋星，又似行進中
一條彎曲的蛇，故亦稱蛇星。她於霜降初期出現，是中天銀
河中的明星（相當於仙后座），向西移位，每晝夜翻折一個跟
斗（見圖），故也稱跟斗星。薩滿在星壇上唱如下神歌：

　　　　塔其星啊，在天之北，記時之星，翻跟斗，翻跟斗。

　　從神歌中可以看出塔其媽媽是位重要的計時女神。在滿
族徐姓薩滿神諭中記載了她的神話：相傳該族從前在山中遇
雪崩，靠頭上的塔其媽媽女神照亮了道路，逃出了幾個人。
這幾個人在榆樹林裡吃榆樹皮，後繁衍成大族。所以後輩族

人要崇祀這位女恩神，並絜榆神為「海蘭渥雲」。

圖18　初夜時的塔其媽媽。　圖19　黎明時的塔其媽媽。

智慧星神

　　蘇勒干烏西哈，智慧星神。它是由南天的四顆亮星組成的，其形如斗（見圖）。在祭祀這位星神時，薩滿吟誦的「佛箔密」中有下列祝贊詞：

　　　　南天的智慧星辰，恩賜予女孩知識、伶俐、聰慧，多才多德，像最美麗的花一樣。

智慧星神主要庇佑女孩能聰慧、美麗，當是一位女性大神。薩滿在星壇上還要唱如下神歌：

　　　　智星啊，在天之南，賜予知識，興旺啊，興旺啊。

將氏族、部落的興旺與智慧聯繫在一起，是一種相當深刻的社會觀念。古希臘的雅典人將智慧女神雅典娜作為其城邦的主要保護神。而滿族將蘇勒干烏西哈女神作為女孩聰慧的源泉，所以在祭奠完這位女神後，

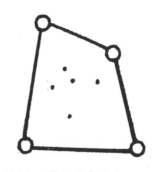

圖20　蘇勒干烏西哈。

女薩滿要在族中女孩衣襟上別上智慧美麗的吉祥物——紅穗，然後帶到火秋千（高樹上懸掛皮繩的秋千）上盪秋千，此時女孩的腳部與肩部帶有燃燒著的獸油火把。孩子的父母希望女孩能盪得越高越好，因為這就意味著離智慧女神愈近，就愈能得到智慧，而火就是向女神通報的一種媒介。

鯉魚拐子星神

西離媽媽，其形如一尾鯉魚（見圖），故俗稱鯉魚拐子星，於秋分後位北天偏中，西移，相當於天貓座與鹿豹座。薩滿吟唱的神詞是：

鯉魚拐子星啊，在天之中，卜占之星，豐年啊，豐年。

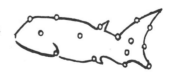

從神歌中可以看出，西離媽媽是一位與豐收有關，又能卜測未來的女

圖21　西離媽媽星座。

神。薩滿認為她是人變成的魚星，主司冰川魚鼓，能卜冬日狩獵豐歉，並能助薩滿魂魄入水界。因組成這位女星神的亮星不多，故以她卜測冬獵很難，只有神術高超的大薩滿方能應用。

階梯女神

在滿族星祭聖壇上，還有妥親烏西哈，即階梯星女神（見圖），是薩滿魂魄升天的登天梯，其形象如女神坐地相助，是薩滿重要的守護神。

佛朵烏西哈，即柳星女神，其形象如舒張的柳枝（見圖），其職主人丁生育，薩滿以她卜歲瘟。

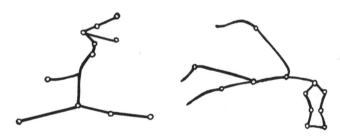

圖22　妥親烏西哈。　　圖23　佛朵烏西哈。

滿族薩滿教中不僅有許多星辰女神，而且這些女神都掌管人類的生產、生育、繁衍、疾疫、智慧、計時、方位、安全、宅居等多項職能。在歷史悠長的星祭中，滿族已經形成了自成體系的星座、星系與星圖。每當祭星時，薩滿要用冰燈擺成星圖，或懸掛繪有星系的星燈展示在祭壇上，供族人

崇祀膜拜，實際上是將其先民在生活、生產中積累的星象天文知識世代遞傳。星祭不僅是薩滿依據星象變化來卜斷氏族或部落的行止、休戚與禍福，而且由此來判定節令、方向、時間、寒暖、溫度、風力以及與此天象相應出現的所在區域各種動植物的生態資訊，以此來指導生活與生產。《北平風俗類徵》引《金臺紀聞》云：「北人驗時，以天明三星入地為河凍之候。」在北方有不少掌握時節、指導生產的星象農諺，如「鷹（星）落西天，日頭冒山」、「鼠（星）見耳，風凍水定」、「斗（北斗）把朝北，雪埋大腿」、「斗柄指北，天下皆冬」、「星星眨眼，寒風抽臉」、「星星打辮，大雪連片兒」等，都與星祭中的天文知識有關。滿族星祭中的星座、神系、神圖構成了北方原始天文學的主要內容，拉開了北方科學天文學的序幕。

圖24　星祭中的占卜瞒尼神，用草莛卜定方向。

二、火祭與火母神

　　滿族諸姓的薩滿教火祭各呈異彩，熱烈火爆，其普遍崇祀的女火神是火母神突姆媽媽、火豹女神托亞拉哈和金花火神愛新依爾哈托亞等，其中最具代表性的是我們於80年代初在琿春一帶搜集的清光緒16年（1890年）《庫倫七姓滿洲火祭神書》中所記載的火祭。庫倫七姓指呼什哈里哈拉（胡姓）、那木都魯哈拉（那姓）、尼瑪查哈拉（楊姓）、何舍里哈拉（何姓）、齊古濟拉哈拉（徐姓）、蘇墨里哈拉（舒姓）、紐祜魯哈拉（郎姓）七個滿族姓氏。清末隨著薩滿教日趨簡化，七姓穆昆達（族長）與薩滿中的有識之士將火祭內容抄錄下來，以志流傳，不使遺忘。

　　手抄《火祭神書》的內容包括：排神、祭天、生火喚詞、野祭神詞、神樹神詞、競火神詞、獻牲神詞、報祭神詞等部分，並附有「火祭滿語用語」，供薩滿和侍神人吟誦火祭神諭時學習。該手抄本乃清末薩滿的追記，故內容上有所佚失與脫節，但仍是我們當今研究薩滿教火祭的珍貴的第一手資料。

　　從《火祭神書》中可知，火祭緣由是解決氏族、部落的病瘟、畜疫、漁獵傷人、氏族爭殺等重大問題。總穆昆達（總族長）與大薩滿許願火祭，祈求氏族、部落的安寧吉順。許願在秋夜黃昏，大薩滿在潔淨的山崗上擊鼓、殺牲、祭血，

點燃篝火，並率各姓族長叩頭跪拜，薩滿誦祝神詞，總穆昆達向眾神祇陳述祈願緣由，若篝火燃燒得很旺，火星四爆，便是吉兆，表示曠野與天穹眾神允諾族人舉辦火祭。

　　1988年，何鳴雁、富育光、王宏剛等人在吉林省延邊地區拍攝了專題片《滿族火祭》，其祭禮的概況如下：

　　在火祭中，女薩滿要迎請三位女神──鷹神代敏媽媽、東海女神德立克媽媽和盜火女神托亞拉哈臨降聖壇，其場面異常隆重壯觀，猶如天地之間神人同演的一齣神話劇。白天，薩滿圍繞著一棵高大挺拔、枝葉茂盛的古柳或古榆，報祭、排神，獻上活鹿、活豬等犧牲，將新鮮牲血裝入神壇，做好這一切準備工作。夜晚，當東天邊的七星那丹那拉呼的頭指向西方天幕時，族人們鼓號齊鳴，歡呼跳躍，其聲震盪山河。主祀薩滿點燃起神樹（即古柳或古榆）前的大篝火和神案前的各種泥製、骨製的油燈──獸頭燈、蛙燈、鷹燈、魚燈等。族人們點燃起「拖羅」（滿語，火把）。在這片跳躍閃爍的火海中，主祀薩滿用純正的滿語祈誦「喚火神詞」（或稱「開火神諭」）：

　　　連綿無邊的火把啊──連綿無邊

　　　大的火把啊──大火啊

　　　星星一樣的火把啊──星星火把

　　　山嶺一樣的火把啊──山嶺火把

　　　河流一樣的火把啊──河的火把

　　　山一樣的火把啊──山的火把

　　　奶奶的火把啊──奶奶火把

　　　（媽媽火把──火把媽媽）

　　　火把啊──火把啊──

　　　火把──火把──

　　　火──把──

　　這裡被譽為至聖至美的火神是「奶奶神」或「媽媽神」。
可見，女神在聖壇上居於至尊的地位。

　　在神鼓聲中，在腰鈴聲中，首先鷹神代敏媽媽附薩滿體，
臨降到熊熊火焰燃燒的聖壇。薩滿跳起了鷹神展翅的舞蹈，
表現出鷹神媽媽的各種神姿。伴隨著舞蹈，薩滿吟唱著神歌，
這神歌道出了一個動人的神話：

　　　從前啊從前，地上是水，天上是水，到處像一片大海，水
　　　浪像「托里」（銅鏡）飛閃，就在這災難裡啊，什麼生命
　　　也難活。男男女女掙扎滅絕，漂流啊無處棲身。遠處來一
　　　位海豹神靈，把男女馱到身上。這是天上薩滿助佑的，到
　　　島上洞裡生育後嗣，人類才得以綿延。天母派鷹神媽媽，
　　　叼走了這一男一女生下的女兒，哺育她成為人類第一個女
　　　薩滿，和人類的始母神。在神鷹媽媽不在時，是一群刺蝟
　　　媽媽神遮蓋了她，使她免遭毒蟲與猛獸的傷害。

　　鷹神媽媽是天上的女神，是人間
薩滿的恩母，她的臨降當然令族人肅
然起敬。在神案上恭放著鷹神媽媽的
偶像（見圖），碩大的雙乳突出了女
神的生理特點。在神案上還有海豹神
佛喝申哥（見圖），她是拯救人類的
女神。在神樹上，懸掛著刺蝟皮製成

圖25　鷹神媽媽。

的女神僧固的神偶，相傳她是天母身旁的近日女神甯額媽媽
變的，是巡查大地動靜的使者，她回到天上便是刺蝟星，仍
俯瞰大地為人們守宅。北方冬雪時，是她引導太陽女神舜格
格臨現寒空，照暖大地。這些女神都是人類的恩神與忠實的
守護神。

圖26　小海豹陶偶。
　　　據吉林琿春地區《庫倫七姓滿洲火祭神書》記
　　　載：小海豹神從洪水中救出了一男一女，使人
　　　類得以綿衍，在往昔火祭等大祭中受到崇祀。

　　其次,女薩滿迎請的第二位女神是東海女神德立克媽媽,亦稱「德里給奧木媽媽」,其形象是魚首女人胴體,雙乳高聳。在火祭中,東海女神在被畫在橢圓形的神鼓的正面鼓面上。請這位女神必須是神技高超的女薩滿。在鼓鈴聲中女薩滿先向女神居地東方膜拜,待女神附薩滿體後,女薩滿便手舞七色彩帶,口噴清水,在篝火前的眾族人中起舞,其舞姿如魚在水中漂浮騰躍,格外飄逸秀美。族人們被彩帶撫擦著,被薩滿口中噴出的清水滋潤著,面露欣喜狀,因為東海女神的彩帶與清水都有其象徵意義,這種宗教意味著在解讀了神歌中的神話就能通曉其奧祕。神話中說:

　　洪水初期,生靈被洪水吞淹,有隻小海豹救出了一男一女,使人類得以繁衍。被洪水吞沒的人群中,有一部分變成了魚形動物,和魚類生活在一起。後來,天母阿布卡赫赫把太陽光送進了水中,水溫提高了,變成魚形的人類恢復了部分人的形體,但永遠變不成完全的人形了。她們就變成了人身魚首的德立克女神。德立克是群體神,因她們最初是人,又歷經磨難,所以她們對人類懷有最親切的感情,把光明與幸福送到人間。有了她們的庇佑,人類的子孫就長得茁壯,如同蹦跳的小鹿一樣。

　　因此,女神舞蹈時用七色彩帶拂拭族人的頭肩,就象徵著將天母送來的太陽七彩神火送給了族人,口中噴灑的清水是象徵生命本源的東海聖水。光與水是永不枯竭的生命力的象徵,而人類要征服寒土,征服自然,就需要這種源源不絕

的生命力的補充。這一群與人類同根生的女神，對人類是懷著多麼深沉、多為親切的感情呵，族人怎能不對她的臨降感到歡欣、仰慕與敬愛呢？

圖27　海豹神佛喝申哥。　　圖28　東海女神德立克媽媽。

　　托亞拉哈女神緊接著東海女神臨降了。她的形象是一隻口噴聖火的火豹。女神附女薩滿體後，女薩滿躍上火堆前面的一塊高地，咆哮噴火，作出各種剛勁野蠻的舞姿。此時，族人的表情特別肅穆莊嚴，因為女薩滿的祭神舞蹈再現了天神盜太陽天火的壯舉，其神話中講：後來，地又動了，到處都是白色的冰，生靈都沒有了。天的腦袋上長出了一個「其其旦」（小肉疣），發出了火的顏色。拉哈女神看後很高興，因為太陽神就住在這天腦袋的「其其旦」裡。她想得到它，於是她就偷了。她把天上的太陽銜到嘴裡，就變成了怪獸，叫托亞拉哈，或叫托亞媽媽，托亞姑姑。後人來請她，她一

來就給部落帶來了太陽那樣的火花，像暖風一樣。她的身體很俊秀，光照大地上的眾部落，這個光滋養和培育了眾部落的子孫，他們健壯得像小鹿一樣能蹦能跳。

在《野祭神辭》中有對托亞拉哈這樣的頌詞：

> 在這個吉慶的季節裡，美好的吉祥時光，野祭，曠野的祭，火祭，敬請托亞拉哈媽媽神，你光芒徹地，自己的身體非常俊秀，還非常豔麗，因為這個原因，非常羨慕你，以致眾神都跟著你臨降。

托亞拉哈，這個俊麗的女神，為了人類的生存與健壯，口銜太陽，盜來神火，以致自己變成了怪獸。但在族人的心目中，她仍是最美的，美到眾神與她一起降臨人間而出現壯麗的情景。這裡可以看出，薩滿教裡主要反映的不是初民在自然力前的恐懼與畏縮，而是人類戰勝自然的文化力量和集體英雄主義精神。

在火祭中，還要穿插競火活動，或稱「破火陣」。由薩滿與族長精心設計九個火陣，其形或如飛舞的長蛇巨蟒，或如奔騰的火馬、火龍，或如臥虎巨魚。有的火陣設在陡立的懸崖上，有的火陣則設在湍急的水流中。族人們或騎馬或徒步，三五成群來穿火陣，並在火中玩各種遊戲，如捉迷藏、棒打馳兔、縛鹿、射野鴨、抓石珠、抓石盞、抓嘎拉哈等。少女們盪起火秋千、鑽火圈、踢天燈以及舉行各種馬上火技比賽。

只有最勇敢最機敏的騎手（東北民間習慣稱騎手，而不稱騎士）和獵人才會識破「天火」，闖過火陣。誰闖過火陣越多，誰就被敬為「巴圖魯」（英雄），推為「獵達」（狩獵頭領），因為他火陣過得順利，證明有火神庇佑，遇事必有好運氣。這種獨具北國風情的民俗活動，實際上是對族人的力量與智慧的真正考驗與檢閱。這時，人們仍要呼喚偉大的托亞拉哈女神，族長頌唱起「競火神語」：

英武的男人，俊俏的女人，勇壯的兒孫們，在這吉祥的季節。是神與祖先選的好時辰，野祭、火祭、曠野的祭祀，這是神聖的時刻。明亮的聖火召喚你們去，溫暖的光照亮了暗洞，挽著手去吧，沒什麼可猶豫、可懼怕的。密林中，層層的火星，都住著吉祥的神。金色的秋天，充滿了光熱，眾姓都翹首踮腳地盼著，一個自己的好喜訊。老人們不是向你們傳授了，向高攀登往低蹦跳，心不要跳，按照老人告訴你的道，謹慎地走，疾步地顛跑，迅速地往前進。火堆是暗夜的路火，不要害怕，不要哆嗦，火在引著呢，托亞媽媽在引導你，在你的左左右右保護你。掂量著走，摸索著走，上樹下樹要靈便，斜著身走，小心謹慎。要有這樣的內藏的能耐，像馬那樣的能耐，像威呼（威呼：滿語，小船）那樣的能耐，像風車那樣的能耐，像鳥翅那樣的能耐。薩滿在虔誠地祈禱，神賦予你力量與神功，一定能使你勝利，敘功賞賜，英雄的勇士，聰慧的獵手。

這裡，托亞拉哈女神成了引導勇士與獵手勇敢向前的旗幟。

聖壇的女神還是正義、公正與團結的象徵。在火祭中，氏族、部落之間平日的摩擦、矛盾、糾葛此時得到了調解，衝突與仇恨化為和睦與友情，所以這也是一次團結的盛會。火祭中的神樹──古柳或古榆，被稱為「托著天上飄著的小生命的神樹」──枝葉繁多，後代茁壯。柳葉是女子性器的象徵，是古代女性生殖崇拜的遺存。東海女神帶來七彩太陽神光與潔淨的媽媽水，托亞拉哈女神帶來聖火，都是新生命永不衰竭的源泉，所以火祭結束後，有野合之俗。別致拙樸的樹屋裡，樹叢中掛起的柳席上，都是純潔的愛情的婚牀。在婚牀近處，高高掛著用五彩野花編織的花環，那是愛情的象徵。男女交合受孕，誕生的孩子無疑是最聖潔的，最有生命力的，他（她）們以後定能像小鹿一樣奔跑。火祭成了男女真正的愛情狂歡節。女神不僅是氏族部落的始母神、守護神、正義之神、生命之神，而且也是真正的愛情之神。有了她們，族人的心「就像小暖風颼颼吹著似地暢快」，人們就能「像天上的群鳥一樣，歡樂地歌唱」，氏族才能像「柳葉那樣繁茂，像草一樣延伸」。❶

在庫倫七姓的火祭聖壇上，還活躍著一些重要的女神，如火母神、獵神媽媽、登高女神德登媽媽、百獸女神紐歡台吉等等，囿於篇幅，就不一一介紹了。

在滿族神話中，有一位生命孕育女神，叫多闊霍。相傳，

---

❶ 富育光譯。

在天地未分的時候，就有這位古老的女神，她是一個住在石頭裡的、孕育著光與熱的宇宙大神。天母被耶魯里騙進了大雪山，被巨大的雪堆壓得凍餓難忍，吞下了雪山底下的石頭和石頭裡的多闊霍女神。多闊霍的熱火燒得阿布卡赫赫坐臥不安，一下子撞出了大雪山。熱火燒得阿布卡赫赫肢身融解，眼睛變成了日月，頭髮變成了森林，汗水變成了溪河。從神話中可以看出，多闊霍女神實際上是燧石神，一位孕育了火與熱——即孕育了生命源泉的火母神。

在滿族神話中，還有火母神突姆媽的故事甚為典型。相傳：她高居九層天宇中的金樓中，身披光毛髮，光照中天，她憐憫大地上的人類和其他生靈夜夜摸黑，難覓食物，於是把自己身上的一束束光毛撕下來，拋出去，天上生出了依蘭烏西哈（三星）、那丹烏西哈（七星）、明安烏西哈（千星）、圖們烏西哈（萬星），可是女神變得全身赤裸，只能住進石頭裡。顯然，突姆媽的原型即「光照中天」的太陽女神，她為了人類與生靈的生存，將太陽火送到人世間，而變成燧石神——火母神。在突姆媽的薩滿教祭禮中，薩滿吟唱完這段神話後，要向火堆拋撒野牲鮮肉，因為不能讓突姆媽餓著。在火祭結束時，族人要圍吃「天火肉」（用火祭中篝火燔烤的牲肉），因為火母神賜予的神火是最聖潔的。滿族的崇石習俗——無論是滿族作家曹雪芹筆下的賈寶玉銜石而生，還是清朝官帽上的「頂戴（佩石）花翎」——其中寓含的民俗意識無不來自這兩位燧石火母神的崇拜觀念。

往昔，滿族的婚嫁、喪葬、遷徙、放牧、行圍、禳災、祛病、孕子、生育等民族生活的重要事項都離不開這位象徵光明、溫暖、生命、公正、純潔、力量的火母神。實際上，在目前我們能見到的近世薩滿教資料中，火崇拜的重視與隆重要超過太陽崇拜。這是為什麼？

人類文化史告訴我們，火的使用是人猿揖別的客觀標誌。人類所取得的第一種可以控制並可再生的熱便是火，火是太陽的派生物，人工火是人造的「太陽」，所以「熵的歷史根源簡直可以追溯到原始人，原始人在為自己的生存而鬥爭的過程中，使用粗糙的器具並發現了火」。❷火的使用與再生，不僅意味著人猿相揖別，而且標誌著舉著火把（火石）的人類開始成為這個星球主人的偉大的歷史起點。至薩滿教中出現了火崇拜重於太陽崇拜（當然，太陽依然重要）的文化現象，意味著人類文化的太陽——火，已經勝過了大自然中的太陽，人類實際上已經成為這個星球的主人。火母神的誕生是人猿揖別的精神界碑。

三、雪祭與雪神尼莫媽媽

往昔，滿族的部分姓氏，在雪枯時節，或遇重大禍災（冬

---

❷ （印度）Ｍ·達塔《熵的一百年》，摘譯《外國自然科學哲學》1976年1期。

天枯雪就是災禍先兆），需要雪神媽媽的援救；或是人畜興旺，
漁獵豐收，征戰凱旋等重大喜慶，需向雪神媽媽稟告、謝祭、
還願，進行雪祭。

　　1991年，王宏剛、富育光等人在松花江上游的滿族村拍
攝了《滿族雪祭》，其祭禮概況如下：

　　雪祭是全部落的大事，事先要作各種準備。一切準備就
緒，部落長致「報祭詞」：

　　　為××事為××緣故，舉行祭禮，黑龍江畔的托克索（托
　　克索，滿語，莊園，這裡指部落），冬月裡選擇吉順的月
　　日，在高高雪山上敬設神壇。總祀穆昆達（族長）率眾跪
　　叩，薩滿瑪法（瑪法，滿語，祖父，這裡是薩滿的尊稱）
　　祈祝眾神，闔族集眾虔誠雪祭。九層天上的雪呀，聖潔的
　　雪呀，吉祥的雪呀，阿布卡格赫（阿布卡格赫，即阿布卡
　　赫赫異音，女天神）賜給人間。闔族同慶，噶珊（噶珊，
　　滿語，部落）的大喜事呀，子孫綿延，福壽無疆。
　　　（本節神詞均譯自《雪祭神諭》，原文為漢語標音的滿語，富育光
　　譯，下同）

　　「報祭詞」道出了這次雪祭的緣由，因雪是天母所賜，
將帶來「子孫綿延，福壽無疆」的光輝前程，故是部落的大
喜事。主祀薩滿念誦流水般的頌祝詞──「佛箔密」：

　　闔族磕頭致祭，刺殺鹿，豬，野雞，血祭雪神，灌腸（灌
腸，即用活牲血灌腸，蒸熟，製成血腸，供神，現已成滿
族傳統風味）呈獻。

　　誦畢，薩滿將潔淨的雪水倒進鹿耳，鹿耳一聳動，闔族歡呼
「安巴烏勒衰」（大喜），因為它象徵著尼莫媽媽與眾神已經
領受了族人的獻祭犧牲。奧姆達（奧姆達，滿語，祭禮中和
供品的頭領，與薩滿、族長為主祭人）刺殺鹿，女薩滿用木
碗接血，然後在鼓聲中，蹭步來到尼莫媽媽神壇，登上雪壇
基，給尼莫媽媽神偶——冰雕天鵝的嘴上抹血，一抹完血，
所有族人跪拜行禮，因為這時的神偶——在族人的心目中
——神采飛動，是真正有生命，有魂魄，能洞察秋毫，庇佑
族人神力的神靈。女薩滿抹完神偶的嘴唇部後，還要以血點
目，這樣神靈便能「睜大眼睛，看穿千里迷霧，百里惡雲」。

　　女薩滿抹完鮮血後，與男薩滿依次給雪壇諸神偶抹血，
這些神偶代表的神是：力大無窮能闢山開道的熊神；女體魚
首，破冰而出，帶來陽光與生命水的東海媽媽；能翱翔天穹，
目視千里的鷹神格格；能使男子強壯，富有生殖能力的男子
生殖神楚楚闊；能使婦女早孕子，生兒順當的女子生殖神佛
赫姆；主治疾病、瘟疫、天花、百次按摩的女神厲害媽媽；
展翅飛翔在峭壁懸崖上的青雕女神薩拉芬；手握鋼叉，拄著
棍子，腳踏跳板，翻著大跟斗，尋找鬼魂的安邦瞞爺（瞞爺、
莽尼，包括其他神詞中的瞞尼、蠻爺都是滿語「瑪音」一詞

圖29　雪祭中，男女主祭薩滿在舉行卜定祭壇的雪卜
　　　儀式中的喝血儀式。

轉音，指祖先英雄神，因其多有神偶，故亦指代神偶）；騎著
雪豹，耳聽遠天之音的占卜莽尼；英俊瀟灑、本領超群、暴
怒怪異、聲音震撼眾星的巴圖魯蠻爺；身披九十根翎毛，使
萬靈孳生、莴物復蘇的嘎哈山媽媽；烤吃生乾肉片的雪山神
尼莽尼阿林瞞尼；編著長辮，吹著樺皮哨的飛車呼其瞞尼；
大銅鏡女神安巴托里媽媽；弓箭神尼魯恩都里色夫（色夫，
滿語，師傅，老師，智者之意，在薩滿教中是對文化英雄神
或薩滿的尊稱）；石頭女神窩何其媽媽；火盆女神菲若呼媽媽；
皮裘神德倫額突庫媽媽、瑪發；雙眼似閃電流水，看穿雪夜
遠山迷霧，攀天抓地的沙布木蠻尼；鬚髮斑白，傳經講古的
千歲老者朱奔德西色夫；山間指路女神勒庫里媽媽；行走於
天地之間，統轄著三界（指天、地、水三界）的萬獸，阿布
卡赫赫的放牧人獵神班達媽媽與班達瑪法。

圖30　雪祭中，主祀薩滿神鼓上繪有德立克媽媽形象。

圖31　男主祭薩滿在跳熊神舞。

夕陽西下，女薩滿用燧石打出的火花點燃了神壇前的聖火堆，之後，她在香煙繚繞的神案前，擊鼓請神，開始跳神。

第一鋪神是熊神，它為尼莫媽媽開山闢路。

第二鋪神是東海女神德立克媽媽（見圖），神附體後，女薩滿雙手搭住兩扇巨冰，低蹲著往上掙扎著，舞蹈著，表現神諭中的一段神話：洪水時

代，先人淹沒在水中，變成魚形動物，惟有心是人的心。後
來盜火女神偷來了太陽，陽光照暖了冰水，魚形動物變成了
人身魚首的東海女神德立克媽媽，她們破冰而出，要將陽光
與生命水送給人類。舞畢，女薩滿扔下巨冰，接過鮮豔的七
色彩帶，跳起優美的東海女神舞，走向族人。她用七色彩帶
撫擦族人的腦袋、身子，口噴清水，尤其是對孕婦與襁褓中
的嬰兒，更要噴其一頭，因為清水是「媽媽水」、「生命水」。
這七色彩帶象徵太陽神光，將會給族人帶來新的生命活力。
族人虔誠而喜悅地跪請這生命女神的到來。

圖32　女薩滿向族人噴灑清水，象徵東海女神帶來新
　　　的生命之源。

　　第三鋪神是鷹神格格，薩滿跳鷹神舞：踩八字步——象
徵一步一頓、步步生風的鷹步，轉速彌羅，象徵薩滿魂魄翔
天的神功。先上樹，捋行，吞食，後飛跳下大樹，直奔篝火
起舞，因為在薩滿教神話中，鷹神格格是司火的大神，薩滿

扇動著兩面神鼓，象徵著鷹神的巨翅。「巨翅」將聖火扇得更
高更旺，其他薩滿伏地叩拜，因為鷹神是薩滿的母神與主要
守護神。

第四鋪神是雪壇主祭神尼莫媽媽。主祀薩滿在天鵝神偶
前拜鼓誦「雪神祭詞」：

> 像柳葉一樣多的姓氏裡，黑龍江同族各部哈喇（姓氏）集
> 眾趕來，敬祀雪神，⋯⋯

眾小薩滿拜鼓後，唱迎請歌：

> 高居九天之上的阿布卡神母和臥勒多穹宇女神，棲於北
> 天，統轄眾星，臥勒多媽媽，尼莫媽媽啊，阿布卡格赫的
> 助神。尼莫雪神受命從天降，光耀閃閃。

這深情的神歌還在山林中低迴，山崗上已經出現了騎雙
鹿（近世已改用騎雙馬），披著潔白皮斗篷的尼莫媽媽（主祀
女薩滿），神諭中這樣形容她：「騎著一對豹花點的白色母鹿，
披著銀光閃爍的雪山皮斗篷，光撫大地田野」。族人們半跪著，
肅穆地凝視著她。騎著雙鹿的女薩滿來到崖邊，跳下鹿，轉
一個彌羅，輕盈地張開雙手，跳落下山崖，象徵著尼莫媽媽
像雪花一樣飄落到人間。女薩滿來到神案前，面對著天鵝神
偶，唱起了「尼莫媽媽神歌」：

圖 33　騎雙馬的雪神尼莫媽媽來到了村落，將揚撒瑞雪。

尼莫媽媽，騎著雙鹿，掛著雪褡褳，惠顧了人間了，噶珊
（部落）興旺安寧，河川，嶺谷，萬道叢林，富饒充裕。

　　女薩滿歌畢，突然昏厥，尼莫媽媽附體，小薩滿上前爭
扶，使她安躺在雪地上，用鼓聲召請。女薩滿慢慢睜開雙眼，
跳起了尼莫媽媽舞。女薩滿展開雙臂，白羽斗篷如同天鵝的
兩隻長翅，展翅而來，時而急迫，時而頓從，時而舒緩，象
徵著雪神媽媽穿雲破霧，來到部落祭壇。女薩滿要到每杆圖
騰神旗周圍旋轉起舞，象徵著她到過每一個氏族部落，庇佑
著每一個族人。女薩滿轉完所有的圖騰旗，來到雪壇中心，
跳起了「揚雪舞」：她從白褡褳中取出白雪，邊旋轉，邊舞蹈，
邊向空中揚撒，族人們簇擁上來，有的張嘴接雪吞吃，有的

讓雪披灑滿頭、滿身。人們前擁後擠，惟恐這使部落得以再生、繁衍的聖雪落不到自己的身上。最後，大人們都站立一旁，孩童們嬉笑著，在女薩滿的「巨翅」下圍轉蹦跳，女薩滿向他們揚雪塞雪，整個雪壇充滿笑聲歡語。這一段舞蹈象徵在雪神媽媽的天鵝肚下走出了茁壯、勇敢的新一代。

　　舞畢，女薩滿回到雪神神壇前，擊鼓拜謝，眾小薩滿唱起了「送神歌」：

　　　瑞雪降臨了，吉祥的雪呀，幸福的雪呀，富庶的雪呀，災難遠遁，獸群繁盛。

　　送完尼莫媽媽，闔族狂歡，擊打起一切響器，歌手唱起了「頌神歌」：

　　　瑞雪降臨，無病無災，瑞雪兆豐年，唱起烏春歌，跳起瑪克辛舞，福祿來臨。

　　族人歡應：

　　　歲歲富裕，歲歲長壽，歲歲大喜。

　　在歌聲與歡呼聲中，族人跳起了光腳的「踏雪舞」。然後是不拘一格的強勁的「野人舞」。翌日破曉，族人集聚在雪壇。

女薩滿唱「尼莫媽媽神歌」，將族人帶到生殖神跟前致祭，這兩位神靈是尼莫媽媽派來的，故要先頌尼莫媽媽。女性生殖神佛赫姆的神偶是冰雕的一個橢圓形環，上有一隻小鳥（見圖），圓環象徵女子性器，小鳥象徵童子魂。男性生殖神楚楚闊的神偶形為一個冰雕的圓柱，如向天直立的男子陽具，上纏一蛇，蛇首朝上（見圖），陽具與蛇均為男性生殖力的象徵。全體族人都要向這兩位生殖神祭拜。禮拜生殖神後，一般人就散到一旁，新婚夫婦與不孕者進行求子儀式，女薩滿給他們吃生殖神底部並排的小冰人，這是尼莫媽媽賜給的孕子靈物，吃下它就可以早孕子。

圖34　佛赫姆。　　　圖35　楚楚闊。

　　旭陽東升，族人聚集在雪壇，請下了專治疾病的厲害媽媽，女神附體在一個健美的年輕女薩滿身上，女薩滿手持鋼叉，左挑右掃，前後奔突，又將鋼叉舉過頭頂單手旋轉，後左右旋轉，四方橫掃，八方衝刺，象徵著厲害媽媽在與時疫、惡疾各種病魔搏鬥。

　　送走厲害媽媽，又要請嘎哈山媽媽雪山瞞尼、飛車呼其

瞞尼、托里媽媽、石頭女神、青蛙女神等神祇，一直到夜空
出現七女星，主祀薩滿登上聖壇，向天宇遙拜，祈請獵神，
男女主祀一起唱「獵神歌」：

> 班達媽媽，班達瑪法，行走於天地之間，馴服、驅趕、引
> 逗著眾獸生靈，養育的禽獸結隊成群。你有三個魂啊，洞
> 穴之魂，飛翔之魂，水澤之魂，本性多變，隨意改換魂形，
> 阿布卡格赫的放牧人。

　　歌聲落，舞蹈起，男女主祀薩滿時而翔天，時而游水，
時而鑽洞，用舞蹈表現這對英勇的狩獵夫妻神三魂變幻，將
萬獸萬禽趕到人間的壯麗奇景。
　　第三日黎明，女薩滿在雪壇上請來了青雕女神薩拉芬，
祭畢，族人要跟著女薩滿到陡峭的冰崖上，女薩滿腳穿木製
冰鞋，從冰道飛滑而下，族中巴圖魯（勇士）腳登冰滑子，
身披黃飄帶，緊隨其下，又跟著女薩滿躍過雪谷，衝上雪坡，
意味著「展翅飛翔在峭壁、懸崖上」的青雕女神教會了人類
滑冰滑雪。這位靈禽女神實際上也是一位文化技藝神。諸神
祭完，時值黃昏，部落長雙手捧著薩滿製成的冰晷，率眾回
到村寨，將冰晷置於庭院陽升之地。突然，聽到寨外傳來神
鼓聲，眾人聆聽著，期盼著，因為尼莫媽媽就要臨降到村寨。
不久，騎著雙馬，背著雪褡褳的主祀女薩滿來到寨口，眾人
歡呼：「尼莫媽媽，尼莫媽媽，……」在歡呼聲中，女薩滿跳

下馬（以神詞看，古代雪祭中騎雙鹿，近世已改為騎雙馬），邊赤足奔跑，邊兩手揚雪，眾薩滿與栽力跪迎兩旁，唱起了「雪神頌歌」：

> 尼莫媽媽揚撒的瑞雪，覆蓋大地，綿延無際，天賜瑞雪，山川俊美。巴那吉媽媽予土地以生命，臥勒多媽媽賜萬星以靈魂，尼莫媽媽給瑞雪以靈性，潤養著萬人、萬獸、萬魚、萬鳥，天光閃耀，賜福人間。

歌聲中，這位「給瑞雪以靈性」的「女神」跑得更快了，雪揚得更急了，村寨中的房舍、庭院、馬廄、牛棚、雞舍統統被揚撒上晶瑩潔白的雪花，這象徵著整個部落又回到了雪神尼莫媽媽的天鵝肚腹下。

氣喘吁吁的女薩滿在一個貼著雪花窗紙的滿族老屋前停步了，變迷狂為寧靜，舒緩地推門而進。屋裡一位年輕的媽媽正輕輕地推著鎦金的搖車，悠著（悠，東北方言，盪、輕推、搖等意思）她的孩子，見到女薩滿感到驚喜。女薩滿悄悄地走過來，從雪褡褳中拿出最後一團白雪，塞到了嬰兒的嘴裡，孩子抿嘴吃了，或嬉笑，或大哭，女薩滿都會像母親一樣歡欣微笑，因為到此她已經實現了雪祭的主要宗旨——為了後代的健康成長。

四、柳祭與海祭

　　柳崇拜是滿族民間信仰中的一個突出現象。往昔，滿族的薩滿祭禮中，多供奉「佛朵媽媽」，其原始形象就是柳，其身分是「柳始母」，在清宮堂子祭中尊其為「佛立佛多額莫西媽媽」，相當於漢族的子孫娘娘。直到20世紀60年代，許多滿族人家仍然保持祭柳換鎖的隆重儀式。

　　古時候，滿族的柳祭絢麗多彩。滿族著名長篇傳說《東海沉冤錄》記述了明代東海嘎忽坦河部的柳祭大典：每當大海退潮，江河乾涸，瘟疫驟起，樹長出綠色小蟲包時，該部族就舉行闔族的柳祭。是時，由女罕斯呼林選美貌女子九人、十三人，有時多達三十三人，全身赤裸，僅在腰間圍上用柳枝葉編成的柳圈，代表柳神或海神、水神。族人圍住這些神女，往其身上潑灑鹿血、米爾酒和潔淨的江水。神女們邊舞邊唱，族眾呼喊應和。然後，女薩滿甩開腰鼓，擊起神鼓，神女們隨之從部落住地到山野、峰巔，再到河岸、溪畔、海邊，把族人經常活動的四方都走遍，一路上邊走邊舞，邊唱，激情高昂。走過的地方都要甩灑鹿血、河水，祭柳神、海神等諸神靈，祈祝神靈庇佑部落人安魚豐，風調雨順。在祭祀期間，代表柳神的神女住在水濱，不得回家。

　　後世的柳祭要簡樸一些，代表柳神的女子已穿上衣服了。

在吉林琿春地區的郎、那、關姓滿族中，1949年前後仍保留著古老的神樹祭：選擇高大的柳樹作為神樹，在神樹下進行火祭。祭奠中，一些古老的女性神祇占有崇高的地位，甚至傳說中的紅羅女、綠羅女也被奉為神靈。柳在遠古時期是女陰的象徵，因此柳祭中常講柳生人類和萬物的神話。

海祭，據世居東海窩集部的某些滿族老人的口述資料，海濱先民古代葬俗多為海（水）葬、天葬（樹葬），很少採取土葬、火葬。那時，無論是薩滿，還是一般族人，都喜葬身大海。當人死後，薩滿祈禱，將死者屍體放置一流筏上，四周安放死者曾使用的器皿衣物、獵犬及珍愛的鳥禽。薩滿們在神鼓聲中，將流筏推入海中。薩滿與族人乘威呼（小木舟）隨後，乘風破浪，駛進大海深處。薩滿敲鼓焚煙，祈請海魂女神塔希圖離降臨。

海魂神降臨附薩滿體，薩滿在昏迷中指告氏族、部落頭領與死者家主將裝屍體的流筏引入某一海灣或白浪翻湧的海域，便是海魂女神指示的葬所。薩滿與族人將流筏推到指定場所，向海面滴所攜鹿等祭物鮮血，並遍撒糕點、果品等供品。當海面出現紅色彩絲狀水紋時，意味著海浪下叢生著海魂草，是女神的居所。薩滿擊鼓祝唱，族眾和呼，圍著流筏，將巨石一塊塊壓到屍體上，石堆越來越高，流筏徐徐下沉，連同獵犬、禽鳥等死者生前鍾愛的活物一起隨葬。流筏完全沉入海底後，族人投活牲向海魂女神致祭答謝，然後族人用一石礁墜住一小木筏，上置石、瓦或木罐，內放鯨魚或獸油，

點燃後，族人方返回部落屯寨。這油燈常燃幾日方熄，燈熄則族人再也用不著惦念死者了，因為依照其薩滿教信仰，人的生命之魂是東海女神送來的，現在燈滅了，意味著海魂女神已指引其魂到了東海女神統屬的海宮中永生，那是一個幸福美妙的居所，只有當活著的族人危難時，這些祖魂才會在女神幫助下前來相助。

五、鷹祭與鴉、鵲祭

鷹祭，為世居白山黑水地域的滿族及其先民沿襲下來的古祭。初唐，東北名鷹已為朝廷寵物。遼金以來，隨著名鷹在社會生活中影響日甚，捕鷹已日益北延。鷹手沐雪櫛風以競捕極北鷹雛為榮耀。鷹祭便是滿族先民祈願鷹獵順綏的隆重祭奠。

1996年富育光、王宏剛等人在吉林省汪清縣拍攝了《滿族鷹祭》，其祭禮概況如下：

在祭祀中，主祭女薩滿唱的報祭神詞是：

居住黑龍江畔薩姓部落，選定吉日良辰，舉行鷹祭聖典，闔族跳神請「鷹孩」安家來屯寨……

神詞說出鷹祭的目的是北上請「鷹孩」，即捕回極北地區

的優良仔鷹。其間要經過「九死一生」的艱難歷程，必要靠
鷹母神的庇佑。在祭祀中，薩滿吟唱的神歌道出了這位鷹母
神的由來：相傳，薩姓先人分三支北上捕鷹，歷盡艱險，有
兩支人就再也沒有回來，其中一支被大白鷹救了，而使氏族
得以綿衍。大白鷹為此被折壞一足，成了獨腳鷹，從此，被
薩姓族人敬為鷹母神，世代敬祀。

　　在祭祀中，鷹母神附體的主祀女薩滿要對通過族選的捕
鷹人進行最後的「神選」──對他們的智慧、勇氣和技藝進
行真正嚴格的考驗，選出能擔當北上重任的巴圖魯（勇士），
以保證捕鷹成功。

　　在祭祀中，鷹母神與猛鵰女神一起，和眾多的「小白鷹」
跳群鷹舞，象徵著她要把自己最好的孩子給部落的捕鷹人，
以求部落的興盛強大。雖然，「鷹母神」身穿三人高的鷹羽神
衣，但胸膛裡跳動著對人類的熾熱愛心。鷹母神不僅救了部
落，使之得以綿衍，恩比母親，而且是永久忠誠的部落守護
神。她的崇高情感，她對鷹手的實際考驗，對北上捕鷹人來
說，必有巨大的精神激勵作用，而這種作用，對當時開拓蠻
荒的生民來說，實在是不可少的。薩滿教自然女神悠久的文
化生命的奧祕就在於此。

　　鷹母神並不是萬能的，因此，她有一批助神、友神來幫
助族人，其中主要的女神有：海蛇神梅赫格格，其神詞是：

　　梅赫格格，是神武的引路女神。上身赤裸，下身穿著水綠

> 色的海裙，手是船槳，日行百里，送來歲歲吉祥……

她終年住在大海浪濤裡，專司海路安寧。捕鷹人漂洋渡海（鄂霍茨克海），由她驅災護送，她是北海指路女神。

北極光神都靈媽媽和都靈瑪法，其神詞是：

> 七彩神光，光芒徹地，身穿三人長的七色鬃毛，光芒四射，像虹雲一樣。她旋轉著走來，穿透雲霧雨雪，指教安泰之路。

由於「鷹路」是蠻荒的高山密林，所以辨別方向不迷路，是關係到捕鷹的成敗與個人生死的事情。捕鷹人特別重視辨別方向。北極光方向恆定，又能穿過雲層霧靄，是捕鷹人重要的方向標誌，這兩位神實際上是方位神。

符號女神覺昆恩都赫赫，其神詞是：

> 這位山路神，生長著鷹爪、虎牙，將林莽山岩刻出符號，傳遞資訊，保佑北征的人有了活路，看到生存之光。

這位長著鷹爪、虎牙、啄木鳥嘴、刺蝟針毛的怪誕女神，實際上把北方獵民在密林中識別自然「路標」的知識傳承給捕鷹人，是山林中的指路女神。

捕鷹人北上請「鷹孩」勝利歸來，要對鷹母神沙彥夾昆

闊羅媽媽進行謝祭，感謝她把最好的孩子給了族人。同時還要進行喪祭，因為捕鷹的艱鉅危險使捕鷹人難免死傷，不少巴圖魯（勇士）葬身於異鄉，只被帶回來一條辮子，有的人迷路失蹤，不知所去，永遠回不來了。喪祭時要請德登媽媽，其神詞是：

> 為了部落人生計希望，為了改變飢餓、災難、死亡，開拓了可怖的鷹之路。逢遭災難祖上的鷹戶、親人，骸骨遺留在北方苦寒之地，成為遊蕩的鬼魂。好可憐啊，屍骸埋在無人煙的曠野！心不安啊，部落的先民們！慈祥的德登媽媽，把他們引向到故鄉的村落得以安居。懇求你跟著走，走進靈柩裡，跟同伴一起安居。吉祥，吉祥，吉祥。

從神詞中看，德登媽媽是安魂女神。按照薩滿教觀點，北徵求鷹的壯士靈魂是不死的。德登媽媽能指引他們的靈魂回歸。

德登媽媽點燃燈火，客死他鄉的捕鷹人的靈魂，會循著逶迤彎曲的「火路」返回家鄉。族人呼喚英靈回歸。英雄的靈魂不死，成為庇護族人的祖先神。

如此，以鷹母神為主的眾神都是氏族部落的守護神，不僅守護著活著的族人，也守護著死去英雄的靈魂。

滿族諸姓的薩滿天祭禮儀，多是立神杆祭天，神杆多是取一根長約九尺的直樹，頂端削尖，塗犧牲鮮血，以饗天神。接近頂部處，繫穀草把，上置五穀雜糧以及供神的純烏毛喜

豬（為喜豬必須是被閹割過的純黑色公豬）的雜碎與完整的
生殖器。這是祭供烏鴉神與喜鵲神用的，有的滿族氏族在神
杆頂部置錫斗，內放供品。薩滿誦吟神詞後，族人伏地叩拜，
薩滿立起神杆，鴉鵲如來啄食，認為大喜。在吉林公主嶺地
區，我們發現了滿族關氏的神龕上的神匣處懸有塗成黑色的
木製烏鴉神偶，據該姓長者說，這就是救了「老罕王」（民族
英雄努爾哈赤）的烏鴉神，在天祭中備受崇祀。

　　據文籍記載，清代至民國期間，滿族立杆祭烏鴉神還相
當普遍。《吉林彙徵》云：「滿洲……祭院中杆，以豬腸及肺
先置於杆頂之碗中，以祭烏鴉用。」《寧安縣誌》記載：滿族
有的姓氏認烏鴉為祖，「庭中必有一杆，杆頭繫布片曰祖先，
……割豕而群烏下，啖其餘臠而喜曰：祖先豫。不則愀然曰：
祖先恫矣，禍至矣。」這裡的烏鴉神帶有濃重的圖騰意味，其
觀念相當古老。

　　在滿族的創世神話中，烏鴉與喜鵲同是女神阿布卡赫赫
的侍女，天天到東海採寶石。阿布卡赫赫吃了東海石才有力
氣與惡魔耶魯里相搏。因烏鴉、喜鵲採石時要在神樹上棲息，
所以留下了祭神樹的習俗。後來，祭神樹演變成院中祭杆，
這是對滿族立杆祭天的一種有趣解釋，可以看出烏鴉是女天
神神系的重要成員。

　　祖居東海窩集部的滿族呼什哈哩氏在薩滿祭禮中傳講：
烏鴉是看林子的格格（格格：滿語，原意為姑娘或公主，在
薩滿教中成了年輕女神的尊稱），即林海女神。祭山林時要先

給烏鴉揚酒撒肉。可見，烏鴉女神的崇拜觀念有其區域性。

六、野神祭與漢軍旗香

　　野神祭，是保留薩滿教原始祭禮面貌較多的一種祭禮，野神（大神）指清廷欽定滿洲祭神祭天典禮中規定的祭祀神靈之外的本氏族自然神、祖先神與薩滿神，有的姓氏野神特指動物神。野神祭中薩滿要神附體，用歌舞與神技來表現神靈。松花江上游的滿族尼瑪察氏、石克特立氏的薩滿祭禮比較完整，這裡主要介紹其野神祭。1986年，富育光、于國華、王宏剛在松花江上游地區拍攝了《尼瑪察氏野禮祭》專題片，簡介如下：

　　尼瑪察氏的神堂上西炕上放著大神案，中間有五個用樹根製成的神偶。院內，正對著大門有一張桌子上放著七星斗（內放雜糧的升斗，可插香點燃，相傳，諸神踩著七星神光臨降，故名），香煙繚繞，薩滿在七星斗前請來諸多的野神——鳩神、首鵰神、八尺蟒神、九尺蟒神、鷹神、金錢豹神、野豬神、虎神，還請來了諸位「蠻尼」神——

圖 36　鷹神飛旋至屋內祭壇，庇佑著尼瑪察氏族人。

啞神何洛瞞尼，瘸神多霍洛瞞尼，還有一位治療腰疼病的祖
先神，以及創業始祖神──手舞雙錘的蠻特大神等。薩滿在
屋檐下請來了金雕神愛新代敏，在神堂門間請來安邦瞞尼（大
瞞尼）、舞神等。薩滿還祭奠女戰神奧都媽媽、天花女神他拉
哈等女神。每請來一位神靈，薩滿就按其形態，職能的特點，
在七星斗前起舞，在「栽力」的配合下，轉著「彌羅」，邁著
八字步，來到神案前，「栽力」或是趨步起舞，或是和唱神歌，
或是對答神諭，或是敲鼓拜神，是一幕幕神人共臺的精彩話
劇。

現舉「首鵰神」一例，野神祭的氣勢便可知一斑。

薩滿在神案前送走了鳩神超闊恩都里，便在七星斗前迎
接首鵰神。薩滿先向東方故土叩拜，再面向七星斗，在一陣
激奮人心的鼓聲中，戴上了大神帽，帽上鑲有三隻展翅的鐵
鳥，白光閃爍，衝天欲飛。薩滿模仿鵰的神態走步，俗稱「走
八字」，薩滿用滿語吟誦道：

> 天上傳來了神風呼嘯之聲，這是神鵰在鳴叫，四面八方的
> 山巒密林，都迴盪著神聖的聲音，闔族永世的神主，已經
> 來到了尼瑪察哈拉的屯子、部落。

首鵰神附體的薩滿，轉起了一個又一個「彌羅」，這象徵著至
高的首鵰神，在萬里雲空中盤旋翱翔。栽力代表族人讚頌道：

你的左翅遮住了太陽，你的右翅遮住了太陽，你的後尾巴
遮住了萬里，你舉世無雙的神力，使瘟魔鬼邪逃遁，庇佑
我們尼瑪察族人，歲歲平安。

跳神完畢，薩滿要進行送神儀式。

　　1987年，石光偉、于國華、王宏剛等人在吉林省九臺縣
拍攝了《石克特立氏薩滿祭禮》，簡介如下：

　　石克特立氏神堂的西炕上設大神案，上懸大幅影像，兩
側有靈禽神獸，下部兩側有
先人過冰、過火的圖畫。神案
前按序排列了幾十位瞞尼神
偶。屋外院裡也有升斗桌，桌
南有一面繪有飛虎神的大
旗，升斗桌兩廂，繪有鷹、蟒、
蛇、鵰、狼、蟲、虎、豹的八
面旗幟。薩滿在升斗桌前請
眾多的野神——鷹神、鵰神、
臥虎神、金錢豹神、金煉火龍
神、蟒神、黑熊神、水獺神等，
還有諸位瞞尼神，如巴圖魯
瞞尼、多霍洛瞞尼、瑪克依瞞
尼、朱祿瞞尼等，薩滿還要請
五位太爺（即薩滿神）。在祭

圖 37　祭壇上方是繪有石氏六輩
薩滿祖神的神案，下面恭放
眾祖先英雄神（滿語稱瞞
尼）神偶。

禮中，凡野神用各種舞姿來表示動物神祇的雄姿和偉力。如放「臥虎神」，薩滿不僅模仿虎的呼嘯、騰躍，而且表現母虎嬉戲虎崽（小男孩扮）的動人場景；放「金錢豹神」，薩滿則如豹奔突，並在黑暗中吹火噴火；放「蟒神」，薩滿穿上「蟒式」坎肩，仰臥在升斗桌前，雙手抱胸，鼻子上橫著一根點燃的香，在鼓聲和吟誦聲中，如蟒蛇向神堂蠕動；放「水獺神」，薩滿用馬叉奮力攪動盆中清水，水花四濺，沙石隨出，跳出活魚數尾，再現水獺捕魚場面等等。

每當春天第一批大雁飛來時，是恰克拉人舉行野祭的時候。族人在屯外堆起一個高土臺，豎起一根尖尖的神杆，杆尖上插柳，下栓三塊豬脊椎骨，下有一個裝糧食的錫斗。土臺邊有一圈木椿，正面開一小門供族長和薩滿出入。土臺前放一供桌供神像，前面放活豬或鹿等供品。祭時，族長焚香，率族人跪拜，族長念祭辭，求諸神保護漁獵平安、豐收。然後，薩滿主祭獵神巴搭恩堆和山路神窩瓜媽媽。薩滿跳完神殺豬，闔族喝酒吃肉。翌日，族人便可進山出海。

漢軍即清代的漢軍八旗，其薩滿也戴神帽，穿神裙。神帽以孔雀翎為飾，帽前沿飾有幾面小圓鏡，帽後垂飾帶，神裙用花布做底邊，上衣為白襯衣。主要神器有：橢圓形帶柄、掛環的單鼓、由若干長錐形銅鈴組成的腰鈴、占卜用的豬牙，以及鋼刀、寶瓶、弓箭等。所供之神有天神、雷神、門神、竈神、財神、開山、虎神、豐都、鷹神、唐王、先鋒等二十四鋪神。其程式為：蒲壇、領案子、卜卦、攔門咒、送劍箭、

中壇起神、送神打五路起神、送神、請鵰翎、送鵰翎、脫神帽、起焚香神、安坐、二路香起神、安神、嘗神、嘗壇神、送神、觀家神等。其中，有薩滿請亡靈來享祭的深沉歌唱，有磕打臂上鍘刀的「打五路刀」的驚險表演，有摹擬唐王聞聽愛將陣亡的痛苦形狀，有金花火神的翩翩起舞，還有銀簪穿腮的泰位（豬）神，英武的先鋒神，嬉戲幼崽的虎大將軍等，個性各異，尤其是趕「斑」（鬼的別名）中的神鬼大戰，薩滿的絕技令人驚歎。整個祭禮富有戲劇性，充滿了對先祖的緬懷之情和對神靈虔誠的祈願。

七、清宮堂子祭與民間家祭

　　清宮堂子祭是清王室愛新覺羅氏的薩滿教祭禮。所祭諸神「朝祭神為佛、菩薩、關聖」，「夕祭神為穆里罕、畫像神、蒙古神」，「暮時，供七仙女、長白山神及遠世祖」等等（見《嘯亭雜錄》）。這種宮廷化的薩滿祭禮中已經滲入了佛道的神祇，但其主要供奉物件仍是本族的祖先神和守護神。如畫像神即祖宗的影像，「蒙古神」應為「蒙文恩都里」即「銀樓中的神」，其他如「佛立佛多額莫西媽媽」、穆林罕、阿渾年錫、納丹岱琿等，都是滿族民間祭禮中常見的神靈。堂子祭的主祭人是清宮專設的薩滿太太。元旦祭天、出征、凱旋等重要祭禮，清帝親自參加，其餘日祭、杆祭、浴佛祭、馬祭

等，則率遣聽司。在堂子祭中，民間薩滿祭禮中人神同娛的
歡樂氣氛沒有了，變得十分莊嚴肅穆，但立杆祭天，吃祭肉
的古俗仍被保留著。

　　《欽定滿洲祭神祭天典禮》是乾隆十二年清廷頒布的關
於清宮堂子祭、宮廷祭祀典禮的官方文獻，清高宗弘曆欽定，
由武英閣大學士、御前大臣阿桂、文華閣大學士于敏中以及
王公大臣允祿、允陶、弘書、傅垣等總辦、總管廣儲司六庫
事務郎官等一大批官員參加了承修、監造、監繪、謄錄。該
文奉高宗旨編入《四庫全書》，後又被收入《遼海叢書》。

　　全書開卷記載了乾隆帝的上諭，阿桂等人的奏摺和編纂
人員的職名。上諭和奏摺說明了滿洲祭神天的宗旨，源起和
編修該文的準則和要求。全書正文分六卷，一至四卷為祭神
祭天的神祇，禮儀、祝辭等內容，五卷為祭神祭天器用數目，
六卷為祭神祭天器用圖。

　　該書記載的祀奉物件有佛、菩薩、關帝等佛、道神祇，
但其祝辭和禮儀帶有濃郁的薩滿教風格，所祀奉的大部分神
祇是其先祖女真人祭祀的神祇，如阿琿年錫、安春阿雅拉、
穆林穆林哈、綱丹岱琿、納爾琿軒初、成都哩僧固、喀屯諾
延、佛立佛多額莫西媽媽等，都是相當古老的薩滿教的宇宙
大神，守護神和遠祖神，其祭禮雖然已宮廷化、廟堂化，但
其基調仍保留了薩滿教的特質。

　　清乾隆12年頒布《欽定滿洲祭神祭天典禮》後，滿族眾
多姓氏的薩滿教祭禮基本按此規範化，用歌舞、神鼓表現的

野神祭已消失於聖壇，只保留在某些神詞中，祭祀程式也簡化了許多，一般在氏族中某一家的家中舉行，俗稱家祭。吉林烏拉的滿族瓜爾佳氏傳有咸豐年間根據乾隆時期的滿文神本用漢字標音轉抄的神諭，他們的祭禮一直是遵照神諭規定的程式進行的，在滿族家神祭禮中有一定的代表性，簡介如下：

祭餑餑神

也稱「早晨餑餑神」，即在晨光「烏爾頓」到來的時候，用餑餑供神。薩滿在代表一切神靈的黃幔帳前，供上大黃米打成的神糕，點上年息香（野生的杜鵑花枝葉），穿上神裙，甩開腰鈴，打起神鼓，唱道：

> 像大地柳葉那麼多的眾姓裡，有我們瓜爾佳哈拉（姓氏）
> 旺族，從女薩滿色夫傳下的古老神詞，闔族推我做侍神的
> 小薩滿。闔族德高望重的長者，下至幼童晚輩，喜慶金色
> 的豐秋，喜慶歡樂的豐秋，跪接烏忻貝勒，進門享有甜酒
> 新歌。

烏忻貝勒是男性農神，也叫做烏忻恩都里、烏忻額真、烏龍貝子，有了他的庇佑，禾功苗壯、五穀豐收、牛肥馬壯、六畜興旺。

祭肉神

俗稱白天肉神，即在白天用豬肉祭神。族人把早挑選好的純黑毛並經過閹割的公豬放在神案前，老薩滿將淨水灌進豬耳朵，必須等豬耳朵擺動，因為這才意味著神祖領了族人的供品。豬耳朵一動，族人歡欣道喜，這儀式稱為「領牲」。「領牲」禮畢，殺豬、煮肉，又將煮八分熟的豬肉各部位擺成一個整豬，俗稱「擺鍵子」。擺完鍵子，薩滿擊鼓唱道：

> 按照祖宗的禮俗，堂前殺牲飲血，精做阿木孫神肉，請宇宙大神阿布卡色夫臨降神堂吧！請尊貴的戰神輟哈占爺臨降神堂吧！請部落守護神芒阿色夫臨降神堂吧！請威武的獵神代敏古寧臨降神堂吧！祈請闔族連年富庶，牛肥馬壯，人壽年豐，百年無災，六十年無病……

薩滿唱出了族人的心願。

背燈祭

當「藍天萬星出齊了，銀河千星出齊了，高天北斗七星出齊了，柳梢雲星出齊了」的時候，薩滿用神鼓從豬圈領出純色烏毛「神豬」領牲後，殺豬擺鍵，熄滅一切光亮，族人跪地，薩滿用神刀、腰鈴、恰拉器合奏出沉重和諧的聲響，

代表眾夜神在風雲中行走的腳步聲，此時，薩滿唱道：

> 迎請那丹拉渾降臨神堂！阿渾年錫，降臨神堂！胡拉貝子，
> 降臨神堂！納倫色夫，降臨神堂！泰寧格格，降臨神堂！
> 代敏嘎哈神鵰降臨神堂吧！庇佑八方安寧，長夜無病無災。

這些神祇多為黑夜的守護神和氏族、部落保護神。實際上，背燈祭是對其先人遙遠的星光古洞生活的追憶和再現。

祭　天

也稱「祭杆子」，即立神杆祭天神阿布卡恩都里。神杆是從高山上砍來的挺拔直溜的樹杆，長九尺，代表九層天；頂端塗上鮮血，是為了讓天神喝；在神杆頂部還要繫綁上帶著五穀雜糧和豬雜碎的草把，以供天神的侍女——烏鴉和喜鵲。祭天時，薩滿要用家釀的米爾酒和五穀雜糧作祭酒，以求天神再賜給他們一個金色的豐秋「巴音波羅里」。在祭天時，還要在屋裡進行祭「佛朵媽媽」儀式，即給孩子們換鎖。用彩布作佛朵媽媽的鎖線給男孩戴上，長大就會成為驍勇威武的勇士巴圖魯，給女孩戴上，就可長得俊俏健壯。在祭天時，將喜豬肉剁成碎末和小米煮在一起，俗稱「小肉飯」，任何過路人都能和族人一起分享這喜慶的小肉飯。

家神祭情況大致如此，各姓氏會有一些自己的特點，如有的神堂上供祖先的影像或神偶，有的將努爾哈赤的影像和

本姓祖先的影像供在一起，有的主祭白山神祖輟哈占爺，有
的長年立杆等。

第五章

滿族薩滿教創世神話
——《天宮大戰》與三百女神神系

古老的自然女神不僅反映出北方初民
對自然現象、規律的直觀認識，
神話中自然力的人格化，
亦已寓含了深刻的人文內容。

在20世紀60年代以前，人們知道的滿族神話只有《三天女神話》等寥寥數則，但在近年薩滿教新發現的資料中，不僅神話數量已有百餘，而且內容異常豐富，包括創世神話、人類創生神話、圖騰神話、自然神話、氏族起源神話、祖先英雄神話等多種類型，其中最具代表性的是創世神話《天宮大戰》。

創世神話《天宮大戰》在滿族民間有各種稱法，如「神魔大戰」、「天神會戰勒魯里」、「博額德音姆故事」（薩滿魂魄傳講的神龕上的故事）等，在蒙古、鄂溫克、鄂倫春、達斡爾、赫哲以及西伯利亞諸民族中，有《鬥蟒倪》、《降伏蟒古斯》、《平妖傳》等神話傳說，蟒倪、蟒古斯等與滿族耶魯里具有同樣性質，都指北方薩滿教神系中的惡神或妖魔。這一類神話故事講述了創世之初善神與惡神、光明與黑暗、生命與死亡、存在與毀滅兩種勢力的激烈搏鬥，回答了我們這個充滿生命的宇宙世界是如何創生、造人造神的運動是如何開始與結局的等重大問題。在蒙古、鄂溫克、鄂倫春等民族中，這一類型的創世神話不少已演變在英雄鬥魔故事，具有明顯的傳說性質，而滿族的「天宮大戰」，則保留了更多的原始神話的本來面貌。

一、薩滿教創世神話《天宮大戰》範本解析

1937年，滿族先賢富希陸、吳紀賢記錄了璦琿四季屯滿族薩滿白蒙古講敍的「烏車始烏勒本」，據其內容謂之「天宮大戰」，是同類神話中最完整的範本，本文的論述以此範本為主。

白蒙古講述本之「頭腓淩」（腓淩，滿語，意為幾次或幾番）：

從薩哈連（今黑龍江）下游的東方，走來騎九叉神鹿的博額德音姆薩滿——天上彩霞閃光的時候，薩哈連跳著浪光的時候，天上刮下來金翅鯉魚，樹窟裡出四腿的銀蛇，不知是幾輩奶奶管家的年頭，走來了騎著九叉神鹿的博額德音姆薩瑪（即薩滿），百餘歲了，還紅顏滿面，白髮滿頭還年富力強，是神鷹給她的精力，是魚神給她的水性，是阿布卡（天）給她的神壽，是百鳥給她的歌喉，是百獸給她的坐驥，百技除邪，百事通神，百難卜知，恰拉器（響板，神器的一種）傳諭著神示，厚愛族眾的情深呵。猶如東方的太陽神（火）照的大地，……。❶

「頭腓淩」實際上是整個神話的序語，描述了《天宮大

---

❶ 摘自富育光、王宏剛《薩滿教女神》，遼寧人民出版社，1995年，頁16-17。本章資料均摘自該書。

戰》的傳講者——博額德音姆薩瑪，「博額德音」滿語意為「家裡已經走了的」，即「已死的」，她講的《天宮大戰》也就是其薩滿魂魄傳講的神龕上的故事。在薩滿教觀念中，人有三魂，其中的真魂（滿語稱「恩出發揚阿」）是永生和能轉生的魂，這裡薩滿魂魄，即指已故薩滿的真魂，在某種特定場合，薩滿真魂能與後輩族人交流對話，這時傳講的內容是最神聖不凡的，博額德音姆講《天宮大戰》故事而被黑龍江沿岸的滿族敬奉為記憶神與歌舞神。

　　整個神話故事是用詩的語言來描繪來表達的，神話的原文是滿語，可能有更多的神采異韻，但就是眼前的這個漢譯本也充滿了詩情畫意。

　　「貳腓淩」中講：

　　世上最先有的是什麼？最古最古的時候是什麼樣？世上最古最古的時候是不分天不分地的水泡泡，水泡漸漸長，水泡漸漸多，水泡裡生出阿布卡赫赫。她像水泡那麼小，可她越長越大，有水的地方，有水泡的地方，都有阿布卡赫赫。她小小的像水珠，她長長的高過寰宇，她大得變成天穹。她身輕能飄浮空宇、她身重能深入水底。無處不生，無處不有，無處不在。她的體魄誰也看不清，只有在小水珠才能看清她是七彩神光，白亮湛藍。她能氣生萬物，光生萬物，身生萬物，……阿布卡赫赫下身裂生出巴那姆赫赫（地神）女神，上身裂生出臥勒多赫赫（希里女神），

好動不止，周行天地，司掌明亮……阿布卡氣生雲雷，巴那姆膚生穀泉，臥勒多用阿布卡赫赫眼發生順（太陽）畢牙（月亮），那丹那拉呼（小七星）。三神永生永育，育有大千。

「貳腓淩」用詩的語言描繪了一幅宇宙、地球、生命、神靈創生的形象圖畫，反映了北方初民最初本的宇宙觀，以下幾點值得重視：

1.最古最古的宇宙是「天水相連，像水一樣流溢不定」的混沌世界，這與當代眾多科學家認識的原始宇宙十分相近。所不同的是當代科學家認為原始宇宙是由各種原始物質組成的混沌世界，而「天官大戰」歸一於「不分天不分地的水泡泡」，強調了水的重要作用，實質上，寓含著水孕生命的基本思想。至高無上的天母阿布卡赫赫是從水泡中生出來的，水是孕生生命的母親，這一命題已被當近科學證明是真理。在生活中，人們從水中觀察新生命誕生是最明晰的，初民從生活的實際觀察中，得出了近似科學的結論。女天神的實體是七彩陽光，而她又能「氣生萬物，光生萬物，身生萬物」，實際上她代表著誕生生命的三種基本物質——水、光、氣，在這三者中，最有能動性的物質是氣，氣化說構成薩滿教的理論基石。

2.阿布卡赫赫生出的萬物愈多，便分清濁，清清上升，濁濁下降，清光成天，濁霧成地，才有了我們這個天地分明

的地球世界。這裡，既沒有盤古從混沌世界開闢出天地的利斧，也沒有耶和華上帝創世的神祕咒語，而只有客觀世界的自然運動，具有樸素的唯物主義傾向。

3.天地分明的地球形成了，但它依然運動著，變化著，阿布卡赫赫管不過來了，於是，從下身裂生出地神巴那姆赫赫，從上身裂生出星神臥勒多赫赫，共掌天地。被尊為薩滿教自然神殿中至高的三姐妹神同出一體，同出一源，都是客觀世界──在水、光、氣的綜合作用下──生命誕生中的產物，而她們之間的息息相關，共同育有大千世界，反映了在人類初始，女性領導集團成員之間平等協助、親密無間的關係。

「貳腓淩」的文化史價值在於它形象地展示了初民的宇宙觀，從中可以看到：人類對客觀世界辯證而又唯物的認識在這裡已經拉開了序幕。

「參腓淩」中講：

> 阿布卡赫赫和臥勒多赫赫兩神造人，最先造出來的全是女人，所以女人心慈性烈。……阿布卡赫赫見世上光生女人，就從身上揪塊肉做個敖欽女神，生九個頭，八個臂，侍守在巴那姆赫赫身旁。阿布卡赫赫、臥勒多赫赫這回同巴那姆赫赫造男人。巴那姆赫赫身邊有個搗亂的敖欽女神不得酣睡，姐妹又在催促快造男人，她忙三迭四不耐煩地順手抓下一把肩胛骨和腋毛，和姐妹的慈肉、烈肉，搓成了一

個男人，所以男人性烈、心慈，還比女人身強力壯，因是
骨頭做的。不過是肩胛骨和腋毛合成的，所以男人身上比
女人鬚髮鬍毛多。肩胛骨常讓巴那姆赫赫躺臥壓在身下，
肩胛骨有泥，所以男人比女人濁泥多，心術比女人叵測。
巴那姆赫赫慌慌忙忙從身邊的野熊胯下要了個「索索」（雄
性生殖器），給她們合做成的男人型體的胯下安上了。所
以，男人的「索索」，跟熊羆的「索索」長短模樣相似，
是跟熊身上借來的。所以，獸族百禽比人來到世上早。

「參腓淩」描繪了三姐妹神造人運動的有趣風景，表現
了鮮明的人本主義與女性本位的傾向。首先，人類是用女神
自己身上的骨肉做成的，所以人類與女神血肉相連，休戚相
關，為後文女神們為人類的安生、繁衍而殊死拚鬥奠定了自
然基礎。其次，在滿族神話中，女人先於男人被創生出來，
與《聖經》記載的古希伯來神話的造人次序相反。男人不僅
比女人創生晚，而且頗有微詞——「男人比女人濁泥多，心
術比女人叵測」，這與偉大的滿族作家曹雪芹在《紅樓夢》中
表現的「女人是水做的，男人是泥做的」基本思想相似。人
類性格的雙重性在男子的身上表現得更強烈、更明顯。實際
上，這裡已經萌生了向父系氏族社會過渡進程中所產生的兩
性之間的激烈衝突。再次，無論是薩滿教的創始女神，還是
基督教的耶和華上帝，都知道男女兩種性別不可缺一，三姐
妹神造完女人，就趕緊造男人。意味深長的是，在男人的創

造過程中，突出了性器的創生——從野熊身上借來的「索索」，將北方民族的熊崇拜追溯到源頭。

「肆腓淩」中講：

> 敖欽女神九個頭顱，把百禽百獸的智慧和能耐都學通了。她的手時時推搖巴那姆赫赫，練得力撼出獄，猛勁無窮。她總看守巴那姆赫赫，也甚覺沒趣兒，有時就發怒吼鬧。巴那姆赫赫本來就煩惡敖欽女神，一氣之下用身上的兩大塊山尖打了過去，一塊山尖變成了敖欽女神頭上的一隻角，直插天穹；另一塊大山尖壓在敖欽女神肚下，變成了「索索」。敖欽女神被兩塊山尖一打，馬上變了一角九頭八臂的兩性怪神。有利角可刺破天穹大地，刺傷了巴那姆赫赫，鑽進巴那姆赫赫肚子裡。她自生自育，生出無數跟她一樣的怪神。這就是九頭惡魔無往不勝的耶魯里大神。它性淫暴烈，能化氣開天，化光入日，憑角入地，對三女神毫不懼畏，反而欺凌女神們。巴那姆赫赫再不能寧靜酣眠了，耶魯里大神鬧得她地動山搖，肌殘膚破，地水橫溢，鬧得風雷四震，日月無光，飛星（流星）滿天，萬物慘亡。

這位使「地水橫溢、日月無光、萬物慘亡」的惡神之首耶魯里，本是源自女天神的敖欽女神，這裡所記刻的神性嬗變的軌跡十分重要，說明母系社會並非是一首甜甜蜜蜜的田園詩，也存在著十分激烈的人與自然的衝突，同時，社會內

部的矛盾已經萌生與發展，因此，女神也並非皆善無惡。意
味深長的是，敖欽女神雖不安分守己，但還不是惡神，只有
她有了「索索」——男性生殖器，成了兩性兼有的怪神，才
真正成為惡神，這是寓含著歷史上曾發生過的男女之間激烈
的性別衝突。在母系社會向父系社會過渡時期，傳統的母權
趨於瓦解，婦女的地位急劇下降，引起了兩性之間的激烈衝
突，反映在意識形態中，就是神話中單性即可生育，或一身
兼有兩性的神的產生。「肆啡淩」中能自生自育的兩性怪神耶
魯里的產生，不是生活中實有的兩性人的神化，而是這種社
會衝突在觀念上的反映。

　　「伍啡淩」講述了世上最早的鏖戰，世上最慘的拚爭。
神話中說：九頭敖欽女神變成了一角、九頭、自生自育的惡
魔耶魯里，凌辱三女神，她把九個頭變成九個亮星，天上像
有了十個太陽。臥勒多赫赫忙用樺皮兜去裝幾個亮星，也給
帶入地下。她的光芒照得耶魯里九個頭上的眼睛失明，頭暈
地旋，慌忙將抓在手上的樺皮布星被兜拋出來，正巧是從東
往西拋出的，布星女神臥勒多赫赫便從東往西追趕，得到了
布星袋。從此，星星總是從東方升起向西方移動，萬萬年如
此，就是讓耶魯里給拋出來的星移路線。

　　耶魯里憑著惡魔的眼力，在暗夜的冰塊上找到了白冰，
而且理直氣壯地說：我敢打賭天與地都是白色的。說著，它
讓自生自育的無數耶魯里，到遙遠的白海把冰山搬來。阿布
卡赫赫苦無良策，巴那姆赫赫派去了身邊的九色花翅大嘴巨

鴨，把阿布卡赫赫從被囚困的冰天中背上藍天，躲過了災難。
可是，冰海蓋住了天穹，蔽蓋了大地，大嘴巨鴨，口噴烈火，
把冰天給啄個洞，一連氣兒啄個千千萬萬個洞，從此才又出
現了日月星光，才有了光明溫暖，可鴨嘴卻從此以後讓冰巨
塊給擠壓成了又扁又圓的了，雙爪也給擠壓成三片葉形了。

　　這是一幅從人類的視角描繪的獨具北國風情的世界創造
景圖。在《天宮大戰》中，從混沌中創生的宇宙世界並不是
一次完成的，而是變化、演進的，其間要經過善惡兩種勢力
的慘烈拚殺，這種善惡的評判標準完全是以人類為本位的
──利己還是異己。在「伍腓淩」中，對許多自然現象作了
天真有趣的解釋，如星辰的運行，日月的再現，其中也有惡
神之功，如星辰東升西移，是讓耶魯里拋出的星移路線，善
於觀察的北方初民已在社會實踐中感悟到客觀世界所實有的
自然辯證法。

　　「陸腓淩」論述了在天宮大戰中「誰是長生不死的神？
誰是不可抗爭的神聖大神？」神話中講：九頭惡魔耶魯里率領
自生自育的成千惡魔，吐噬萬物，稱霸蒼穹，濁霧彌天，禽
獸喪亡。阿布卡赫赫殺死一群又一群，耶魯里連生不滅，惡
魔反倒比以前更兇更多。在分不清天分不清地的時候，有個
以石為屋的多闊霍女神。她能幫助眾神，獲得生命和力量，
並有自育自生能力。她讓西斯林女神施展風威，用飛沙走石
驅趕惡魔。耶魯里倉皇逃到地下，天穹才又現出光明。耶魯
里不甘心，又跟阿布卡赫赫比試飛力，阿布卡赫赫憑著七彩

神火照射，便追了下去，被耶魯里騙進了北天雪海裡。阿布卡赫赫餓得無法，只好啃住著多闊霍女神的白石充飢。因為多闊霍是光明和火的化身，熱力燒得阿布卡赫赫坐立不安，渾身充滿了巨力，烤化了雪山，一下山又重新撞開層層雪海雪山，沖向穹宇。可是熱火燒得阿布卡肢身融解，眼睛變成了日、月，頭髮變成了森林，汗水變成了溪、河……

「陸俳淩」描繪的神魔大戰有下列幾點意味深長：

1.育有大千的宇宙三姐妹神亦無耶和華上帝、本尊如來、真主阿拉、玉皇大帝等宗教的至高神那樣有不可抗爭的絕對神權，而是遭到耶魯里惡神神系的嚴重挑戰，耶魯里自生自育出無數惡魔，吐噬萬物、稱霸蒼穹，且又聰明伶俐，有九個頭的智慧，九雙眼睛的目光，三個女神的神力，使這場宇宙之戰勢均力敵，慘烈而壯觀。

2.天宮大戰不僅是力量的角逐，而且是智力與技巧的競爭，耶魯里屢施巧計，聰穎的天母也難免不上當，使這場在相當程度上反映自然力衝突的天宇爭戰，折射出人類文化的光華。有趣的是：我們在薩滿教祭禮中看到的「神鬼大戰」——由薩滿代表的神祇通過比智慧、比技藝戰勝惡鬼，並將惡鬼驅除。

3.創世三女神都是衝鋒陷陣的戰士，尤其是阿布卡赫赫，總是首當其衝，英勇作戰。在這世界再創生神話中，天母的獻身精神感人之深，也寓含著北方初民對故鄉山水的摯愛，因為這是偉大的母親神的軀體。

4.生命——生育崇拜構成故事的底蘊。耶魯里能與三女神抗衡，主要原因是他有「索索」，有強大的自生自育的能力。多闊霍女神神力非凡，也因為她有自生自育的能力，這位以石為屋的女神是火與光明的化身，能幫助眾神獲得新的生命和力量，天母靠她的生命力量，才逃避了死亡。這位神祕的生命女神，實質上就是燧石神，燧石——這人類再造太陽之火的工具，是人類初步征服自然的象徵，所以，對多闊霍女神的崇拜，寓含著對人類自身的文化力量的崇拜。

「柒腓淩」講述在天界神魔大戰中，給人類留下立竿燃天燈與愛花風俗的由來。神話中講：

耶魯里噴出的惡風黑霧，捲起了天上的晨辰和彩雲，捲走了巴那姆赫赫身上的百獸百禽，突姆媽火神臨危不懼，用自己身上的光毛火髮，拋到黑空裡化為群星，自己變成白石頭，成為南天上三星下邊的一顆閃閃晃晃、忽明忽暗的小星，就是突姆媽女神僅有的微火在閃照，像天燈照亮穹宇。後世人把它叫做「車庫媽媽」，即秋千女神。後世部落城寨上和麕獐皮苫成的「撮羅子」前，立有白樺高竿，或在山頂，高樹上用獸頭骨裡盛滿獾、野豬油，點燃照天燈，歲歲點冰燈，開篝火照耀黑夜，就是為了驅嚇獨角九頭惡魔耶魯里，也是為了緬念和祭禱突姆媽母神。臥勒多赫赫星袋裡的那丹女神，知道突姆媽女神光滅星殞，便也鑽出了大星袋，化成數百個小星星，像個星星火球，在九頭惡魔耶魯里擾黑的穹宇中，照射光芒。這便是七星那丹那拉呼，成為星陣的領星。

　　在東方天空有個藍色的草地上，住著依爾哈女神，她香氣四溢，是阿布卡赫赫身上的香肉變成的，她日夜勤勞，為蒼穹製造香雲。耶魯里知道這是阿布卡赫赫在天上棲居的地方，喬裝成一個趕著三隻鵝的老太太，拄著個木杖吆吆喝喝地走來，阿布卡赫赫正安靜睡覺，忽然覺得全身被白網拴著，越拴越緊，白鵝原來變成了拴阿布卡赫赫的白繩子，木拐杖原來正是九頭惡魔耶魯里的又兇又大的頂天觸角，刺扎著阿布卡赫赫遍體鱗傷。守護赫赫的西斯林女神當時貪戀睡覺，只張開著風翅保護著赫赫，沒有颺風搧動天魔，被耶魯里輕輕地破了風陣，抓住了阿布卡赫赫。阿布卡赫赫被抓，天要塌陷了，天搖地晃，日月馬上暗淡無光，天上的神禽，地上的神獸相繼死亡。正在這大難的千鈞一髮之時，在白繩拴綁的阿布卡赫赫淚眼溪流旁，住著者固魯女神們，她們身上都有光彩慈魂，是赫赫的護眼女神，守護日月。她們在溪河旁知道赫赫被綁，便化做了一朵芳香四散、潔白美麗的芍丹烏西哈（芍藥花星），光芒四射。九頭惡魔耶魯里一見這朵奇妙的神花，愛不釋手。惡魔們爭搶著摘白花，誰知白花突然變成千條萬條光箭，射耶魯里的眼睛，疼得耶魯里閉目打滾，捂著九頭逃回地穴。阿布卡赫赫被拯救了，天地被拯救了。西斯林女神因為貪睡，惹出大禍，被三女神驅逐出天地之外，奪去了她的女神神牌。西斯林從此改變了神形，後來成了耶魯里夥下的男性野神，放蕩不羈，馳騁天地之間，撼山搖月，成為萬物一害。後世人們頭上總喜戴花或帶頭髻插花，認為

便可驚退魔鬼。戴花、插花、貼窗花、雕冰花，都喜歡是白芍藥花。雪花，也是白色的，恰是阿布卡赫赫剪成的，可以驅魔潔世，代代吉祥。

天宇的神魔大戰，險象環生，一波三折。耶魯里神威齊天，多次將宇宙三姐妹神逼入絕境，但，源於天母的眾女神奮不顧身，英勇搏戰，與惡神耶魯里比勇、比智，終使邪惡勢力不能得逞。

「柒腓淩」中最令人動容的是源出巴那姆赫赫心中的突姆媽火神，她拋出自己的光毛火髮變成萬千星辰，而自己變成光禿禿，赤裸裸的白石頭，用生命最後的微光，造福人類與生靈，成為千秋女神，給滿族留下了盪火秋千之俗。

那丹女神前仆後繼，在九頭惡魔耶魯里擾黑的穹宇中，照射光芒，成為領星女神，北方初民將蘊含萬千的文化內容灌入到大千世界的自然運動中，而使整個宇宙世界充滿了人類的生命意識與情感。

依爾哈女神是天母身上的香肉做成的，日夜勤勞，為蒼穹製造香雲，使天色清澄無塵，而阿布卡赫赫也變成了「天上秀美的草地」，女神是人類所追求的真善美的象徵。

耶魯里變成趕鵝老太太一段故事極富情趣，耶魯里也有人類的智慧，而者固魯女神變成潔白的芍藥花，智勝耶魯里，更是突出了智力的角逐。神話中的天上的爭戰，不僅是初民對矛盾著的自然天象的有趣解釋，而且，反映了地上人類社會內部的激烈衝突。

　　「捌腓淩」是天宇中神魔大戰的高潮，神話中說：阿布卡赫赫為了打敗耶魯里，就要吃石補身，便派侍女白腹號鳥、白脖厚嘴號鳥飛往東海採銜九紋石，累了便在東天九叉神樹上歇腳，察看惡魔耶魯里的動靜，看到通天樹上住著九天三百女神。耶魯里的長角最無敵，赫赫搓下身上的泥做了無數米亞卡小神，鑽進了耶魯里的九頭獨角裡面。耶魯里又癢又頭痛，衝到天上，獨角讓米亞卡神給鑽了一半，掉在地上，正巧趕上野豬拱地成溝，要咬耶魯里，結果那個掉下的角一下子砸在野豬的嘴上，從此野豬長出了又長又尖的獠牙，比百獸都厲害。耶魯里疼得在天上打滾，見到三百女神向牠撲來，便隨著黑風逃到了一條大河河底下，化成個小曲蛇（蚯蚓）藏進了泥水裡，三九天上的魚母神西離媽媽，就追到了水裡，變成個機靈敏捷的小鯉魚拐子找到了耶魯里，從泥裡咬住了耶魯里化形的小蚯蚓尾巴，蚯蚓身子一縮掀起大浪泥沙，攪混了清水，魚母神鬆口，耶魯里化陣惡風又逃之夭夭，西離媽媽女神因找到耶魯里有功，便成為宇宙中魚星辰——鯉魚拐子星，在天海邊追尋著惡魔耶魯里。

　　耶魯里憑藉西斯林的威風，將光明吞進肚裡，天宇又變成黑漆無光，惡風呼嘯，塵沙彌漫，企圖把天上三百女神吹昏頭腦，追蹤不到它的身跡。阿布卡赫赫便讓一九雲母神變成一個永世計時星，不要讓耶魯里認出來，因為耶魯里有西斯林的颶風，刮起來雲母神便不能久停，雲母神便化做臥勒多赫赫布星神屬下的一位偉大而忠於職守的塔其媽媽星神，

畫夜為眾神計時，再狂的惡風黑夜也騙不了眾神的眼睛。

阿布卡赫赫又從身上搓落出泥，生出興惡里女神，能引導太陽的光芒照進暗夜，這便是永世迎日的鼠星神。阿布卡赫赫擔心黎明前的那一段黑夜耶魯里來偷襲搗亂，就把身邊的三耳六眼靈獸派了出去，永遠橫臥在蒼天之中，頭北尾南，極目遠望高天，尋找耶魯里的蹤影，一直到太陽的光芒照徹寰宇，星光隱滅，從中天中消逝，滿語尊稱他為「烏西哈布魯古」大神。九頭惡魔屢戰屢敗，惱羞萬分，便送去口信，要一對一地比試高低，阿布卡赫赫便與耶魯里爭殺在一起，地動星移，星撞星雷鳴電閃，耶魯里噴著黑風惡水，天地昏黑，石雨雷雹，萬物殞滅。耶魯里被星光圍困，被光耀照晃，被者固魯女神光衫刺射，雖然與阿布卡赫赫一對一地廝鬥，終神力難支，想站在星星上歇口氣，誰知踩在德登女神的頭部。德登女神是阿布卡赫赫的一隻腳，身姿秀美修長，與天地同高，終日追逐風雲，可洞測寰宇些微動息。德登女神媽媽忽見九頭惡魔耶魯里倉皇降下，便故意將自己的尖尖長髮布散成一望無邊的空中星地，等耶魯里雙腳剛一踏上，德登女神將身體猛傾，耶魯里踩空，頭朝下墜進了德登女神腳踩著的地心裡。正巧，地心是巴那吉額姆身上的肚臍眼。這裡住著巴那吉額姆最寵愛的女兒福特錦大力神。她有四頭六臂八足，身高齊天，護視九層天穹的下三層。四頭分視四方，眼睛能觀察到鳥蟲也飛不到的地方，能看穿岩土巒嶽。她的六臂能夠托天搖地，撥土撼樹，能縛捉到千里之外的飛鳥奔

兔，閉眼伸手就能採摘野果，辨百草，她長著人腳、獸腿、鳥爪、百蟲的八足，跑起來連風也追不到。耶魯里掉進肚臍洞，被福特錦捉住，緊緊掐住它的九頭，耶魯里化成光氣逃走，放散的魔氣化成了山嵐惡瘴、疫病，從此留到了世間，遺害無窮。空際星陣為臥勒多赫赫聚星而成，從此穹宇間日月相分，不在一天，相互追映。

在「搠閉淩」中，三百女神一齊出戰，為戰勝以耶魯里為代表的黑暗勢力，殊死相搏，在鏖戰中，創造了適於人類生存的光明世界。

三百女神分居於九層天穹中，雖然都披上了自然神祇的外衣，但胸膛裡跳動著仍是人間母親的心，她們是母系時代氏族、部落集體力量的化身。

天宮大戰的高潮是一場智力角鬥，出現了數位有一定個性的英雄女神。

耶魯里吞進了光明，天宇黑暗，三百女神被吹昏了頭腦，雲母神變成了永世計時星，為眾女神計時辨向，勝耶魯里一籌。計時神塔其媽媽在星祭中世代受祭，歌頌的實際上也是人類自身的文化力量。

從天母身上搓落的興克里女神，能在黑暗裡鑽行，迎接、引導太陽光芒照進黑夜，是滿族永世迎日的鼠星神，寓寄著初民追求光明，追求生命的理想與希冀。實際上，直至今日，滿族仍將鼠視為吉祥靈獸，保留了龍虎年或鼠年續譜之俗，其民俗中的崇拜觀念淵源於這位興惡里女神。

集萬神之威的者固魯女神，用自己刺眼的光彩，使耶魯里屢戰屢敗，成為星祭中不可或缺的刺蝟星神。在滿族的家祭、野祭中都供奉她，甚至在清宮堂子祭中，都有她的崇高神位，被敬稱為「恩都里僧固」。在滿族民俗中，者固魯女神是使家族人畜平安的守宅大神。

德登女神將自己的長髮散成空宇星地，誘使耶魯里受騙落網。耶魯里的狡詐敵不過女神的聰明，高揚的是人類的智慧。

地母寵女大力神福特錦是勞動英雄神，表達了人類用勞動征服自然的意向與理想，她的種種特技，揭示了初民用集體勞動創造的文化的發展指向，這個發展過程至今尚未終結。

在「捌俳淩」中，天母阿布卡赫赫與耶魯里交戰前，天母總是與其他姐妹神商議對策，聽取她們的意見，而沒有父系氏族社會後期——英雄時代酋帥那樣專橫，如古希臘的阿伽門農，更不像跨入文明時代以後人間帝王君主那樣稱孤道寡。母系時代的領導集團仍是一個平等、友愛、互助的戰鬥群體，實際上，天宮大戰善神的最終勝利，乃是女神們集體力量與智慧的勝利，神話頌揚的是集體英雄主義，這種集體英雄主義是初民時代社會意識形態的主旋律，迴盪在薩滿教的聖壇中，是薩滿教堅實的文化底蘊。

「捌俳淩」中，還有一位惡神引人注目，那就是在「柒俳淩」中因貪睡惹禍，被三女神奪了女神神牌的風神西斯林。值得深思的是西斯林的種種惡行，都是在她變成男性野神後

才做出的，而惡神首領耶魯里也是敖欽女神變性而來的，這個重要情節使本來反映自然與社會中光明與黑暗、生命與死亡、善良與邪惡的兩元對立塗上了鮮明的性別對立的色彩，這裡蘊含著母系社會向父系社會過渡時期男女兩性之間激烈衝突的歷史資訊。父系氏族社會的萌生與發展，是與婦女地位的不斷下降同步的，會遭到婦女的激烈反抗。當然，這種反抗與衝突可能是暴力的，也可能是非暴力的，天宮大戰中的男女神之間的衝突，以及世界各民族的神話中殘留的「純女國」、「女王國」等神話，都反映了這種衝突的激烈程度與暴力傾向，而後者的產生，很可能反映了婦女集體武裝出逃的史實。

　　「捌腓淩」有一個意味深長的結局，耶魯里逃跑後被放散的魔氣，化成了山嵐惡瘴、疫病，從此留到了世間，遺害無窮。三百女神的殊死拚搏，並沒有在人世間建立起一個只流著蜜與奶的永恆樂園，人世間仍然存在著惡瘴、疫病、災難，反映了初民對客觀世界相當清醒的現實主義的認識，這種善惡二元對立的哲學觀念，是薩滿教存在的理由，是薩滿一切宗教活動的內在動因。女神們對邪惡勢力作了如下回敬：空際有了天河星海，白亮亮光閃閃綿亙東西像一條頂天立地不可逾越的星山，便是為攔截耶魯里而築成的。這攔截耶魯里不可逾越的星山，是人類抵抗黑暗、死亡、邪惡的不屈靈魂的最好象徵。

　　從某種意義上說，一則神話確是史書一冊，不過，這史

書著重於反映人類心靈的天地與風雲。

　　「玖腓淩」講述了天宮大戰的最終結局，神話中說：耶魯里企望挾天為主，便於日月降落後的黑夜裡，悄悄衝向青空，口噴黑風惡水，淹沒了穹宇大地，並把阿布卡赫赫身上的護身戰裙扯了下來。阿布卡赫赫逃回九層天上，昏倒在滾動著金光的太陽河旁。太陽河邊的神樹上住著一隻名叫昆哲勒的九彩神鳥，牠扯下自己身上的毛羽，又銜來金色的太陽河水，為阿布卡赫赫擦傷口，用九彩神光編織護腰戰裙，阿布卡赫赫將自己身上生息的虎、豹、熊、蟒、蛇、鷹、鵰、牛、魚、百蟲等魂魄攝來，讓每一個獸禽神魂獻出一塊魂骨，為阿布卡赫赫編織了護腰戰裙，從此阿布卡赫赫才真正有了無敵寰宇的神威。姐妹三人和眾神禽神獸的輔佐之下打敗了九頭惡魔耶魯里，使它變成了一隻只會夜間怪號的九頭惡鳥。耶魯里的敗魂還時常出世蛻化滿尼、滿蓋，踐害人世。阿布卡赫赫打敗耶魯里時，將牠九個頭上還有五個頭的雙眼取下，使牠變成了瞎子，最怕光明和篝火，只要燃放篝火，點起冰燈，照亮暗隅，九頭鳥便不敢危害世間了。

　　阿布卡赫赫派神鷹哺育女嬰，使她成為世上第一個大薩滿。神鷹受命後便使用昆哲勒神鳥銜來的太陽河中的生命與智慧的神羹餵育薩滿，用臥勒多赫赫的神光啟迪薩滿，使她通曉星卜天時；用巴那姆赫赫的膚肉豐潤薩滿，使她運籌神技；用耶魯里自生自育的奇功誘導薩滿，使她有傳播男女媾育的醫術。女大薩滿才成為世間百聰百伶百慧百巧的萬能神者，

撫安世界，傳替百代。……不知又過了多少億斯萬年，北天冰海南流，洪濤冰山蓋野，大地上只有代敏大鷹和一個女人留世，生下了人類。這便是洪濤後的女薩滿，成為人類始母神。是阿布卡赫赫把太陽光和昆哲勒神派到水中，從此冰水才有了溫暖，才生育出水蟲、水草，重新有魚蝦、水蛇、水獺、水狸，又在東海有人首魚身的江湖沼海之神，稱為「德立克」女神。為使世間能分辨方向，阿布卡赫赫讓自己身邊的五個方向女神下來給人類指點方向。大地上有殘留汪洋，阿布卡赫赫拔下身上的腋毛，化成了無數條水龍——木克木都里，朝朝暮暮地吞水，從此又在大地上出現了無數條又粗又寬又長又彎的江河和溝岔，養育著阿布卡赫赫的子孫——人類。

不知又經過了多少萬年，洪荒遠古，阿布卡赫赫人稱阿布卡恩都里大神（即男性天神），高臥九層雲天之上，呵氣為霞，噴火為星，山河寧靜，阿布卡恩都里也學巴那吉額姆一樣懶惰散漫，性喜酣睡。所以，北地朔野寒天，冰河覆地，雪海無垠，萬物不生。巴那吉額姆穴居地下，築室洞窟，故北人大家深室九梯，刺蝟、蝙蝠均為安全守神。耶魯里常潛出施毒煙害人，瘡癘，天花滅室穴生命。天生雅格哈女神擅祝百草，索活（甜醬菜）、它卡（野芥菜）、佛庫宅拉（蕨菜）、省哲（蘑菇）、山茶（木耳）為人所食，百花為人送香氣，百樹為人衣其皮，百獸為人食其肉，年期香為人祛瘡除穢敬祖神。阿布卡恩都里送給人間瞞尼神（祖先英雄神）九十二位：

戰神、箭神、石神、痘神、癆神、頭疼神、嗜血神、大力神、穴居神、飛澗神、舟筏神、育嬰神、產孕神、狩獵神、斷事神、卜算神、馭火神、喚水神、山雪神、烏春神（歌神）、瑪克辛神（舞神）、說古神，等等瞞尼神，傳播古史子嗣故事。

　　神話最後說道：「阿布卡恩都里未給人以火之前，茹血生食，常室於地下同螻鼠無異。雪消出洞，落雪入地，人蛇同穴，人蝠同眠，十有一生。阿布卡恩都里額上突生紅瘤「其其坦」，化為美女，腳踏火燒雲，身披紅霞星光彩，嫁與雷神西思林為妻。雷神西思林是阿布卡恩都里的酣聲化形而成的巨神，火髮白身長手，喜馳遊寰宇，聲嘯裂地劈天，勇不可擋，而風神西斯林早生於西思林雷神，是阿布卡恩都里的兩雙巨腳所化生，風馳電掣，不負於雷神的肆虐，乘其外遊盜走其其旦女神，欲與女神媾孕子孫，播送大地，使人類得以綿續。可是其其旦女神見大冰厚齊天，無法育子，便私盜阿布卡恩都里的心中神火臨凡，怕神火熄滅，她便把神火吞進肚裡，嫌兩腳行走太慢，便以手為足助馳。天長日久，她終於運火中被神火燒成虎目、虎耳、豹頭、豹鬃、獾身、鷹爪、猞猁尾的一隻怪獸，變成托亞拉哈大神，她四爪著地穿過火雲，巨口噴烈焰，驅冰雪，逐寒霜，馳如電閃，光照群山，為大地和人類送來了火種，招來了春天。天上所以要打雷，就是稟賦暴烈的雷神弟弟向風神哥哥在索要愛妻呢！」

　　天宮大戰，邪不勝正，善神終究戰勝了惡神，但耶魯里敗而不亡，他的敗魂常化為惡魔滿尼、滿蓋，踐害人世。這

裡不僅反映了初民對現實世界的清醒認識，而且陳訴了薩滿教存在的理由，薩滿的主要職責就是祈請善神，以驅滿蓋一類魔靈，以確保人類的生存、綿衍、平安與幸福，薩滿教的一切神事活動的基本認識概源於此。這種認識在今人看來是天真的、虛幻的，甚至從整體思想框架來看，仍是屬於唯心主義的，但其生氣勃勃的戰鬥性的思想內核在文化史上是重要而有積極意義的。雖然它對解決人類與自然、人類社會的矛盾衝突的方法、途徑帶有宗教的虛幻性，但是對客觀世界實有的矛盾衝突的認識卻有明顯的辯證唯物的傾向。因此，人類的古代哲學史的序篇，應該從創世神話寫起。

在「玖腓淩」中，最饒富興味的情節是：天母阿布卡赫赫原本並非不可戰勝，實際上，她已經失敗過數次，當她在眾神保護下，逃回天上，昏倒在太陽河邊上，是九彩神鳥昆哲勒用太陽金水治好了她的傷，薩滿教的太陽——生命崇拜觀念在這裡又得到生動而深刻的闡發，更精彩的是：地母將在她身上生息的禽、獸、魚、蟲等眾神鳥的魂骨與昆哲勒神鳥的彩羽編成了護腰戰裙，而且，每一種神都教她一種神技，阿布卡赫赫才真正無敵於寰宇，這就意味著薩滿教的主神並沒有天生的無敵神力，她有的僅僅是孕生眾神與人類的生育能力，母性生殖能力的高揚，才使阿布卡赫赫成為主神，而她的神力的獲得來自眾神祇，也就是說，她凝聚了整個善神集團的整體力量，才真正無敵於天地。阿布卡赫赫的永遠不死意味著人類族體的永生與不朽；阿布卡赫赫的不可戰勝象

徵著人類群體力量的無敵與長久。

綜觀《天宮大戰》的完整故事，天母帶有濃郁的女薩滿色彩。在生活中，我們看到女薩滿的神事活動並非諸事順綏，在與惡魔邪靈的搏鬥中，女薩滿往往要幾經磨難，曲折跌宕，甚至付出自己的生命代價，才換回氏族的平安吉順，這與天宮大戰的一波三折、艱難曲折是十分相似的。而且，生活中的女薩滿要領很多神靈，才使她有超人的神技神力，阿布卡赫赫也彙集了眾神的神技神力，才不可戰勝，她們都是群體力量的代表。因此，雖然薩滿教早就出現了天穹主神，但並沒有改變其自然宗教多神崇拜的基質。

「玖腓淩」中，另一引人注目的情節是：天母給人類派送女薩滿，因為她不僅是人類的始母神，而且是通曉神界、獸界、靈界、魂界的智者，她有布星女神神光的啟迪，能通曉星卜天時；她有地母的膚肉豐潤，能運籌神技。而且，令人驚奇的是：她用耶魯里自生自育的奇功誘導，能傳播男女媾育的醫術，在初民心目中，耶魯里並非絕對的惡，它的神功特技也能為人類所用，揭示了初民辯證的眼光。這裡不僅透露出薩滿神技醫術的淵藪，而且說明了薩滿的基本功能與職責。因此，神話稱譽女薩滿是「世間百聰百伶百慧百巧的萬能神者」，只有她們才能「撫安世界，傳替百代」。女薩滿不僅是自然力量的代表，而且是人類綜合文化力量的象徵。

神話中，北方的洪水時代是一個冰水世界，天母將太陽光與昆哲勒神鳥（太陽精靈）派到了水中，冰水融化，重創

了水中生物，這與一般的洪水神話有別，體現了北方的區域
特色。在洪水中，應陽光而生的德立克女神成為東海女真人
的主要神祇。為了人類分辨方向，天母派下了她身邊的五位
方位女神，為了讓人類能安居大地，天母用自己的腋毛分成
無數水龍洩洪，等等。女神為人類的生存真可謂無微不至，
點明了天宮大戰的終極目標——為女神的子孫——人類的安
居、繁衍、興盛，神話的人本主義主題昭然於世。

　　《天宮大戰》帶有濃重的神話史詩的意味，折射出人類
社會進化史的軌跡。神話中說，不知過了多少萬年，洪荒古
遠，阿布卡赫赫人稱阿布卡恩都里大神。母系社會過渡到父
系社會非一夕之功，其間可能經過了萬千年的漫長歲月，但
社會變革終於來到，女性主神終於變成了男性主神，男神世
界接替了女神王國。男性天神阿布卡恩都里高臥九天之上，
且又懶惰散漫，帶有父系氏族社會後期男性酋長的時代特點。
但他畢竟成為後世薩滿教聖壇上的主神，他為人間送來的92
位瞞尼神，多為社會文化英雄神，已在相當程度上脫落了自
然崇拜的古老外衣，著重於人間功事了，其中還有女神，但
大部分已是男性英雄祖先神，他們占據了近世薩滿教祭壇上
的主要位置，聖壇的演化反映了社會形態的變化。

　　但，就如生活中的滿族婦女保留著「天足」（滿族婦女不
裹小腳，保持腳天生的樣子，故名天足），仍在其民族生活中
發揮重要作用一樣，神話中的女神在父系時代並沒有完全退
出宗教聖壇，最有代表性的是盜火女神托亞拉哈，為了人類

能在冰雪世界中孕育後代，她私盜天神心中神火，將神火吞進肚裡，以手為足助馳，被神火燒成怪獸，招來了春天。反映了北方婦女為集體不惜犧牲自己的英雄氣魄，其崇高性不亞於古希臘神話中的盜火神普羅米修斯。在近世滿族的「火祭」中，我們仍可以看到了女薩滿再現托亞拉哈女神臨凡的撼人心弦的歌舞，在這裏，托亞拉哈為《天宮大戰》神話寫下了最凝重壯麗的結尾。

在「玖腓淩」中，雷神與風神爭搶托亞拉哈女神的情節，反映了今人罕見的神間風情。在孫吳縣關鎮元之父講述的「天宮大戰」故事中，也有「耶魯里看見阿布卡赫赫身披九彩光衫，姿貌秀美，便想嬉戲她，並想得到她」的情節（參見《薩滿教女神》），可見初民最早是按人的欲望來創造神的，故神亦有凡人的七情六欲、性格稟賦，可親可近。但是，隨著社會的進步，一夫一妻制的逐步建立，群婚、搶婚之俗終於成為遙遠的歷史，中國神話中的神間韻事大部分流失在歷史歲月的長河之中，所以，天宮大戰中的神間風情成為研究史前婚姻形態的珍貴資料。

通過《天宮大戰》神話的分析，可以看出：這些古老的自然女神不僅僅反映了北方初民對自然現象、自然規律的直觀認識，自然力的人格化，已經寓含了深刻的人文內容。簡言之，女神與邪惡勢力的殊死搏鬥，反映了北方遠古人類開拓自然、征服自然、戰勝社會惡勢力的實踐與認識的思想軌跡，人類童貞時代對光明、生存、美好的期盼與信念，形象

生動地勾畫出他們的宇宙觀、道德觀，是北方民族精神文化的永不枯竭的源泉。

　　古希臘神話以其完整性與完美性而得到世界各族人民的珍愛，那麼，薩滿教的天宮大戰神話提供了另一個重要範本。在古希臘神話中，也有許多有關女神的優美傳說，但從總體看，女神畢竟成了男神的附屬，它是父系英雄時代的精神產物，而天宮大戰不僅再現了一個較為完整的女神王國，而且女神充滿了歷史主動性，它是母系時代的精神嬌女，因此《天宮大戰》的思想內容要比古希臘神話早整整一個時代，從這個意義上說，天宮大戰與古希臘神話有同等重要的文化價值。天宮大戰故事的完整與壯美也會得到世界人民的重視與喜愛。富希陸、吳紀賢等諸位滿族先賢為世界神話寶庫提供了如此重要的範本，他們的功績將不朽於世。《天宮大戰》神話有自己獨特的藝術魅力，神話的原本是滿語，當時，「有金子一樣的口」的薩滿吟誦，其聲調的雄渾、深沉，節奏的明快、起伏，情緒的投入、激昂，令聆聽者迷醉。今天，我們讀到的選本，已是有佚失的漢譯本，其滿語的神韻被削弱不少，而且在整理過程中，難免有文人用詞的斧鑿痕跡，其原始光彩又有一定程度的丟失，但是，《天宮大戰》的宏大雄闊的氣勢、天真稚樸的想像、鮮活生動的語言、優美動人的情節，仍能震撼讀者的心。

二、三百女神神系的歷史文化價值

　　從文化史角度思考,《天宮大戰》的另一重要意義是記錄了薩滿教的三百女神神系。據白蒙古口述的《天宮大戰》的範本,音容不一,司職各異的三百女神有了較為完整的描述與記載,她們是:天地三姐妹尊神阿布卡赫赫,巴那姆赫赫,臥勒多赫赫;生命女神多喀霍;突姆火神;領星星神那丹那拉呼,太陽女神順;月亮女神比牙;百草女神雅格哈;花神依爾哈;護眼女神者固魯;迎日女神興克里;登高女神德登;大力女神福特錦;九彩神鳥昆哲勒;大鷹星嘎思哈;西方女神窪勒格;東方女神德立格;北方女神阿瑪勒格;南方女神朱勒格;中位女神都倫巴;天生女神雅格哈;女門神都凱;計時女神塔其媽媽;魚星神西離媽媽;天母侍女白腹號鳥、白脖厚嘴號鳥;九色花翅大嘴巨鴨;人類始母神女大薩滿;盜火女神其其旦。

　　除了以上有獨立故事的女神外,九層天宇中有各層的女神神系:一九雷雪女神30位;二九溪澗女神30位;三九魚鱉女神30位;四九天鳥長翼女神30位;五九地鳥短翼女神30位,六九水鳥肥腿女神30位;七九蛇、蝟追日女神30位;八九百獸金洞女神30位;九九柳芍銀花女神30位,計270位女神。實際上,在《天宮大戰》中,出現或提及的女神要超過三百位,

統稱三百女神。某些女神還能生出許多小神，其中可能有女神。甚至，惡神耶魯里、風神西斯林也是女神突變而來。整個神話展現了一個系統的女神王國。

　　無獨有偶，在滿族薩滿史詩《烏布西奔媽媽》中，當燉魚皮的啞女烏布西奔成為天女薩滿後，向眾徒傳授了三百女神的神位神諱，她們是：

　　天母阿布卡赫赫三姐妹：阿布卡赫赫（天母神），臥勒多媽媽（布星女神，亦稱穹宇媽媽），巴那吉額姆（地母）。由這三姐妹神統轄的天女神神系共156位女神，其中：阿布卡赫赫神系39位；巴那吉額姆神系27位；臥勒多媽媽神系42位；山、雲、雷、閃、雨、雪所統屬的眾神共42位；月、星、光女神共6位。東海女神德立給奧木媽媽（這裡是東海女神的全稱，德立克是簡稱）統轄的水系女神有11位，為海豹、海熊、魚、龜、蛇、蛙、蜥蜴、海島、海風、海石、海草（花）諸女神。托戶離媽媽神系，統轄安班、阿吉、圖們三位女神，主司光明、照耀、眼明、心亮、溫暖。查依芬媽媽神系，統轄主管女、男、老、少、獸、禽、萬牲等7位女神。阿米塔媽媽神系，統轄離蘇、丘琴、安班、塔戶、邦離、米牙、卡古、難奇、阿米、阿勒、胡吉、庫魯、班克恩、圖庫、沙渾、混沁、庫倫、堵離等18位女神，司掌疾病、生育、難產諸事。合布離媽媽神系，統轄布凡、布安、班哥、畢亞金、毛新、宏克、波葉、都七、鄂林、莫音10位女神，司掌死亡及亡魂。

　　記錄在這裡的女神實際上僅二百十餘位，其餘的可能在

漫長的傳承歲月中已經失落，但烏布西奔媽媽傳授了三百女神神位神諱，可以推斷當時確有三百女神的完整神系。其中的神名大部分是女真語或薩滿教通用的通古斯古語，今已難確考。但從中已經看到一個相當完整的女神王國，而且，宇宙生成，日月運行，生命的起源與繁衍，人類的生活與生產都與這女神神系息息相關。

在《天宮大戰》神話中，以阿布卡赫赫為代表的女神神系，與以男性神耶魯里為代表的惡神神系的激烈衝突，構成了神話的主要內容。在史詩《烏布西奔媽媽》中，與女神神系相對立的惡神耶魯里神系，則更為明確與系統，耶魯里統轄都托、毫托、托歐、多威、曾吉、角亢、安我、德林、卡妞、胡突、沙林、瑪呼、喝榮、博諾、窩渾、蘇摟等91位神靈（詳見《薩滿教女神》），與女神神系勢均力敵，女神們經過了艱苦的爭戰，才使人類有了這個充滿陽光的新世界。

《天宮大戰》的三百女神與史詩《烏布西奔媽媽》的三百女神比較，前者都是自然女神，而無專司人類社會事務的女神，如沒有主掌人類生育、疾病、死亡、亡魂等社會女神，因此，它基本上是一個完整的創世神話，它的內容與形式都更為古老與原始，更有人類童蒙文化的意蘊與特色。在薩滿史詩《烏布西奔媽媽》中已經有一批司掌人類社會生活中諸重大事務的社會女神，或稱文化英雄女神，說明隨著社會的發展，薩滿教的世俗因素在增長。兩者比較，也有共同點，就是女神們在其首領的統領下，經過了與惡神驚心動魄的爭

戰，給人類創造了一個可以生存、繁衍的新世界，這種人本
主義傾向一脈相承。

　　吳紀賢先生所撰《吳氏我射庫祭譜》第三段《媽媽祭》
中說:「吾族公祭，均祭至高無上之母親神靈，神名之重之多，
譬如興安之樹，不可數指也。」這群如「興安 (指今大興安嶺)
之樹，不可數指」的女神構成了一個自成系統的女神王國。
值得注意的是，據吳氏調查、記錄的時間──至20世紀30年
代，這個具有重大文化價值女神王國仍活躍在某些滿族姓氏
的薩滿教聖壇上，而且，被族眾視為「至高無上之母親神靈」，
女神仍保持了旺盛的文化生命。西伯利亞突厥語族的特勒烏
特人的薩滿在跳神時不斷地列數著下述天神: 住在第五層天
空上的太陽母親;住在第三層天空上的母親波告什·凱拉坎;
住在第四層天空上的天空製造者迪艾額丘間蓋列母親; 住在
第七層的天空母親麥爾根; 住在第八層天空上的被稱為恰吉
爾坎的天空母親布拉; 與穆斯汗分開住在第十四層天空上的
兩名少女; 住在第十五層天空上變成了我母親的純潔少女;
住在第十六層天空上的拜烏勒根母親等，其中拜烏勒根是主
神，可見，十六層天空是最高一層天穹。神詞中太陽、凱拉
坎、迪艾額丘、麥爾根和布拉等都是善神的共同綽號。

　　這裡已經出現了眾多的女神，但並非是一個純女無男的
女兒國，在特勒烏特人的自然神殿中，也產生了一些重要的
男性神靈，如住在第六層的月亮父親; 住在第十一層天空上
有三顆牙的父親漢凱拉坎; 住在第十二層天空上的天空父親

黑貂；住在第十二層天空上的父親雅達——能使天氣變化的石頭，等。但天穹主神是女神，男神的地位與作用也不如女神。說明女神崇拜曾在薩滿教中廣泛存在過。

英國學者甘布林指出了一個「維納斯（即原始母神，或稱女性生殖神，筆者注）環帶」的存在，它延伸超過1,100英里，西起法蘭西西部，東至俄羅斯平原中部，位於喀爾巴阡山與烏拉山脈之間的歐洲廣大地區。實際上，史前的「維納斯」環帶一直要延伸到亞洲的東北部，至今鄂霍茨克海與日本海。對這種考古文化現象，美國學者法伊科說道：「也許伴隨地方性的變異，一種標準的圖樣意指一種標準的神話，並且這種神話描述了廣泛的女性崇拜，一種廣泛地共同參與超自然力量信仰及其典禮，這大約是我們所能達到的推論範圍。」結合上述考古學資料再來思考近年在中國遼西地區所發現的5,000年以前的牛河梁女神廟，似乎可以推論在史前人類的文化中，曾普遍存在過女神崇拜的歷史時期，但這一切都是一種猜想，一種推論，因為這些考古發現的文化「硬體」，它永遠不會開口，它使本身所寓言的重大文化奧祕成為永久的歷史啞謎。

我們翻閱迄今為止國內外所有民族學、神話學、考古學的有關資料，還沒有發現類似薩滿教所傳承的完整的女神神系，而本文所論述的女神神系，相當一部分已經有了生動鮮活的文學面貌，她們是北方先民自由能動的社會本質——追求集體生命「增殖」的表現，是人類母性的昇華。眾多的英

雄女神如同日月星辰一樣，高懸於天宇，照亮了歷史，照亮了未來，照亮了人類的心。從她們身上，有可能解釋史前「維納斯」的歷史啞謎，從這個意義上說，薩滿教創世神話《天宮大戰》與三百女神神系不僅在中國文學史，而且在世界文化史都有重要價值。

第六章

滿族薩滿教史詩
——《烏布西奔媽媽》

《烏布西奔媽媽》是人類不可往復的
童年時代的史詩巨構，
也是後人不可企及的藝術範本；
從某一角度上也證明了
人類社會型態演進的複雜度。

一、史詩的流傳與天女薩滿的降生

　　史詩《烏布西奔媽媽》流傳在黑龍江省烏蘇里江流域。原為滿語韻文，可誦可唱，表現的是部落時代的戰爭風雲，從形式到內容，都可謂道地的民族英雄史詩。又以一位英雄的女薩滿為主角，乃可謂薩滿英雄史詩。相傳，該史詩最早記刻在烏蘇里江以東的錫霍特山脈的某山洞岩畫中，這是烏布西奔媽媽死後葬身之聖地。史詩的主線是以東海啞女成為威名蓋世的女薩滿，征伐四方，成為七百噶珊（部落）的女罕，將家鄉建成和平幸福的樂園，她為尋找「太陽升起的地方」，進行了數次海上的遠征，收服了諸多島國，記錄了許多海島風俗。最後，烏布西奔媽媽在東征途中逝世，被族人安葬在錫霍特山。從故事的內容與傳承情況來看，當為東海女真人的英雄史詩。

　　史詩中她自降生，就稱是東海太陽神之女，但又是一個燉魚皮的啞女，是個半人半神的英雄女神。請看史詩中所描繪她降生後的情況：

　　　　她像山雀說話一樣聾啞，像跟海狸鼠出世一樣呆傻，可雪融消三次了，她就能下海抓蟹，她就能上樹吃鳥蛋，黑雲來了她說海嘯，黑潮來了她說颱風，卡丹花冒出了土她說

瘟疫;吉倫草發香了她說客來;她是東海女神奧姆媽媽(德
立給奧木媽媽的簡稱)的驕女,舉奉她為阿格濟(小)女
薩滿。三歲的烏布西奔,便如吉星叱咤風雲。

　(原文滿漢文兼用,富育光搜集、翻譯,下同)

　　烏布西奔就如其他英雄史詩中的拯世英雄一樣,有一個
奇特、苦難的童年──如鳥聾啞(能發音而不會說話),如海
狸鼠呆傻。史詩中還說,她是一個赤腳的燉魚皮啞女。但她
却是天神聖裔──太陽女神的女兒,塔其布離星神的妹妹。
薩滿教中認為薩滿源出天神的基本觀念在這裡得到了形象的
表達。所以,又聾又傻的赤腳姑娘便有了神選薩滿的特質──
她能卜知世事於未來。

二、 烏布西奔媽媽的英雄業績

　　英雄的降生是為了拯救戰亂、頹敗的氏族、部落,請看
史詩中對烏布遜部落的描寫:

瘦嬴的烏木畢拉(河名)往昔像患有災症,部落間爭吵不
休,像天天爭吵的白脖鳥,瘟疫溫染,葬屍拋滿溪流。阿
布卡(天)懲戒不知是何緣由? 古德老罕王手足無措。

　　這裡，部落征戰，瘟疫瘟染，天災人禍，使人間出現了屍滿溪流的慘景，而老罕王古德束手無策，問蒼天，蒼天不答。這時，女薩滿來到了苦難的部落，史詩講：

> 　　突然，東海的清晨出現了兩個太陽，紅光照徹了一個赤腳啞女，招手能喚來白鷹成千，招手能喚來鱘魚躍岸，薩滿的神鼓，乘坐能追逐飛鳥，滾蕩的激流，腳踩如履平地。她用手語告諭罕王族眾，自稱是東海太陽之女，選中了燴魚皮的啞女，身領東海七百噶珊（部落）薩滿神位，便可使烏布遜永世安寧。曾像旭日東升，祥光永照。平定盜寇，四海昇平，如果不准領受薩滿神主，烏布遜老幼必遭罪咎。

　　無奈中，老罕王只得接受赤腳啞女的要求，奉她為薩滿神主，並送印交權，史詩中描寫了女薩滿稱罕當王的壯麗場面：

> 　　次晨，螺號齊鳴，傾族眾人山人海，古德老罕王跪請啞女，……群山百鹿，蒼松白鶴，都翹盼天女薩滿出世。洪烏（鈴鐺）響了，腰鈴響了，神鼓響了，眾薩滿焚香拜東海，一鳴驚人的啞女。她用海豹皮做了一面橢圓鴨蛋鼓，敲起疾點像萬馬奔騰。啞女突然開口誦唱神語，……（她）坐在魚皮鴨蛋神鼓上，一聲吆喝，神鼓輕輕飄起，像鵝毛飛上天際，在眾人頭上盤旋一周，忽悠悠落在烏木林畢拉河面

之上。烏木林畢拉的天空立刻陽光閃耀。眾薩滿跪在女薩
滿跟前，古德老罕王手捧金叩拜神女，女薩滿扶起眾人，
緊握老罕王的手：我為烏布遜部落的安寧而來人世，你們
就叫我烏布西奔薩滿吧！從此，東海響徹新的征號，烏布
西奔薩滿大名百世流傳。

整個女罕登基儀式如同盛大的薩滿教祭禮，從儀式場景
所出現的女奴、臣僕來看，在英雄時代後期，已經產生了萌
芽狀態的國家，其酋長或罕王可以是男性，也可以是女性，
當時神權與族權（政權）融為一體，可以與史詩中的故事呼
應的是《魏書‧倭人傳》中的一段歷史記載：「其國本亦以男
子為王，住七八十年，倭國亂，相政伐。經年，乃共立一女
子為王，名曰卑彌呼，事鬼道，能惑眾。」這是西元3世紀在
倭人中集神權與政權為一體的女王，而女王兼有薩滿身分。

天女薩滿平定了部落之間的戰亂，史詩中說：

東有珠魯罕部落，西有徽沐肯罕部落，南有輝罕部落，北
有無敵天下的烏布遜部落，擅使石箭，百獸難逃。統御八
方，神諭四海。英明罕是烏布西奔薩滿，平定了都姆肯兄
姐霸主，掃平了安查幹古寨水盜，收降了內海巴特恩圖女
魔，蕩服了外海三百石島敵窟。

憑依著烏布西奔媽媽的神諭、神術與神示，憑藉著英勇

女罕的英明指揮，終於迎來了人民所盼望的和平景象——

> 東海的太陽光照著，沒有征殺的山岩草地。東海的明月撫慰著，沒有哭泣的千里帳包。

烏布西奔媽媽為部落聯盟的鞏固與發展，身先士卒，日夜操勞，史詩中說：

> 身姿修細秀美的烏布西奔女罕，終日朝朝，勉於政事，長夜不寐，思慮操勞，苦度三十個柳綠冰消，鬢生白髮，兩眼角老紋橫垂，她有過三個愛男侍奉，都未能入身而長逝，孑身一生。

女罕有三個愛男，反映了當時仍有群婚餘聲。烏布西奔媽媽用一生的心血與汗水，終於把家鄉變成了人間樂園，史詩中說：

> 烏木林畢拉（小河）是天女的玉帶，飄搖延伸到白雲和紅霞的天際，貂帳像河岸邊的千朵梅花，鼲帳像林莽的百朵銀花，德頓駿馬的蹄聲蓋過江濤，刷延駿馬的長鬃賽過雲海。福祿綿長的烏布遜噶珊，太陽的驕子，蒼天的恩賜。無憂無慮地住著七百部落。

三、太陽女兒之死

部落強大了，人民幸福了，但太陽之女烏布西奔媽媽熬盡心血，就要死了，史詩吟道：

烏布西奔夜夢鼓聲，便召來兩名心愛的女徒——名叫特爾沁、特爾濱，她們都是蓋世薩滿，烏布西奔媽媽的心腹佐臣，見女罕臥榻喘息，閉目不語，她倆膝前叩拜，熱淚沉沉。

薩滿女神實為半人半神的英雄，所以太陽女兒也會死，烏布西奔媽媽的臨終之語，發人深省。史詩歎詠：

我夢裡聽到師祖召我，你們和睦友愛，要攜手相親。我離去後，你倆同掌烏布遜。要學烏鴉格格，為難而死，為難而生。勿貪勿妒，勿惰勿驕。部落興旺，百業昌盛。特爾沁不解烏鴉故事，烏布西奔仰靠虎榻。

閉目講頌：

天地初開的時候，阿布卡赫赫是宇宙萬物之母，讓身邊的

眾神女創造了宇宙和世界。

但是：

> 耶魯里（惡魔）不甘失敗，噴吐冰雪覆蓋宇宙，萬物凍僵，
> 遍地冰河流淌，阿布卡額姆（天母）的忠實侍女古爾苔，
> 受命取太陽火墜落火山，千辛萬苦鑽出冰山，取回神火溫
> 暖了大地。宇宙復蘇，萬物生機，古爾苔神女因在冰山中，
> 飢餓難耐，誤吃耶魯里吐出的烏草穗，含恨死去，化做黑
> 鳥，周身變成沒有太陽的顏色，黑爪、壯嘴、號叫不息，
> 奮飛世間山寨，巡夜傳警，千年不惰，萬年忠職。

　　史詩包含了一個較完整的創世神話。引人注目的是，天
母送來了象徵生命之源的日月之光後，人世萬物是眾女神共
同創造的，是母系時代婦女群體力量的頌歌。烏鴉女神古爾
苔的故事如杜鵑啼血，字字含血，古爾苔為取太陽火，誤食
黑草，變成烏鴉。令人心顫的是，女神變成烏鴉後，仍為人
類奮飛山寨，號叫不息，而且，千年不惰，萬年忠職，這是
對群體忠誠的極致，寓含著對人類多麼深沉，多麼熾熱的愛，
實際上烏鴉女神是烏布西奔媽媽英雄主義的象徵，這種精神
是薩滿教中所包容的人類文化的積極精神成果，是薩滿教有
悠長文化生命的根本原因。烏布西奔女罕臨終前用這個故事
警策心愛女徒，警策部落族人，實在語重心長，可以說，也

在警策今人，警策全人類，如果說，要使人類及其文化健康
地發展，那麼就永遠需要烏鴉女神那種勿貪勿妒，勿惰勿驕，
為難而死，為難而生的集體英雄主義精神。

　　在激越高昂的神鼓聲中，烏布西奔媽媽闔上了她那明亮
的雙眼，但是，在滿族人的心目中，她是永遠不死的，史詩
中講：

　　　東海茫茫，日月輝輝，烏布西奔薩滿功高蓋世，便齊稱烏
　　　布西奔媽媽。

　　今天，烏布西奔媽媽仍在滿族口碑中流傳，敬仰烏鴉的
習俗仍在承襲。

四、蓮花島之役的文化史意義

　　史詩中有多處表現戰爭的精彩場景，其中烏布西奔媽媽
收服東海蓮花三島的傳奇經歷，反映了初民文化觀念的重大
變化，發人深省。蓮花三島本是一個和平寧靜的人間勝地，
史詩中吟唱：

　　　縷縷海丁香（祭香）的神煙，籠罩著霧騰的闊海，闊海中
　　　有個聞名的蓮花三島，光爍爍鑲嵌在碧海之中，相傳是東

海女神裙上的白玉珠，是茫茫東海中，天賜的安樂港灣。

但是，由於魔女霸居該島，使其成為「悲聲淒淒」的魔窟，史詩中吟唱：

> 然而，數代來為魔怪霸居，女窟之俗稱死亡魔窟，鬼魂難
> 渡，神靈不願涉足，魔女遠隔重洋，在銀色海鷗張翅難渡
> 的遙遠地方，晝夜悲聲，魔女罕王重女輕男，島人均由魔
> 女喝島上湖水而生，生女為僕，降男棄野。

魔島是個重女輕男的女兒國，只要喝上島上湖水便能懷孕生子，這個情節意味深長，在世界各民族的史前神話中，經常可以看到類似的「單性生人」、「純女國」等神話，我們認為這裡寓含著圖騰崇拜的餘緒，又反映了母系時代向父系時代過渡時期激烈的兩性衝突。在母系時代，婦女在社會生活中有崇高而重要的地位，其非凡的生殖能力被高揚被昇華，反映在原始宗教中其崇祀的女神像突出的是她們的生殖部位。到了父系時代，男子憤憤不平，他們要將最重要的生育權把攏過來，貶低婦女的生殖作用，便與在數萬年中形成的母權傳統觀念發生深刻的衝突。這種激烈的社會衝突，在現實生活中女子方面是某些區域，部落的女子武裝集體出走，形成短暫的「純女國」；在男子方面是「產翁制」（即在婦女生育前後，其丈夫要類比一段時間「產翁」，以示其育兒中重

要作用，在近代民族志中，有這樣古俗的遺存）的產生。在
觀念中，是單性就能生人——或一身兼備兩性能生人的神祇
的產生，在古希臘神話中，男性宇宙主神宙斯已經急得要從
自己的腦袋或身上其他部位裂生出人，那麼，在保留濃郁母
系社會文化遺韻的薩滿教神話史詩中，出現純女——喝聖水
（其思想基礎是圖騰觀念）——便能生人的情節就不足為奇
了。

　　史詩中講被魔女們棄於野外的男孩，由「鴨鵲憐愛哺養」，
長大後「多成盜寇」，並常常襲擊烏布遜部落。當時「古德罕
王無力遠討」，只得「年年獻女貢果」，「災禍連連」。

　　在天女薩滿烏布西奔當了英明汗後，她要為部落的安寧
與發展，除去這個禍根，史詩中吟唱：

　　　心謀遠慮的烏布西奔，從柳葉吐芽的初春開始，便朝夕訓
　　練水師，直至鯖魚吐籽的仲夏，日日操練水師，丁勇多為
　　烏布西奔身隨薩滿，既有識海之能，又有贊神之才，既可
　　攻戰，又可長遊，在陰雨連綿的霧夜，三千神師等無形的
　　海風瞬間掠過三島，海賊瞬間被俘。……

　　經過充分訓練的烏布遜水師，已作好海戰準備。渡海前，
烏布西奔媽媽已探知蓮花三島魔女誘敵，俘敵，勝敵的奧祕，
史詩中說：

女窟罕王俗稱比幹女魔（野魔），身邊三十侍女，也是素有神技和奇才的秀女，個個紋身赤腳，裸肌長髮披腰，能歌善舞，……其義難解，唯魔女互知，其舞尤奇，迷敵特能，紋身舞，身塗九彩島泥，遇敵常色女齊出，七彩斑駁，其姿陸離，忽伸忽蹲，忽提忽搖，百彩搖逛（搖逛，東北方言，紛呈之意），使外敵頭暈目眩，迷醉受虜。裸身舞女巧塗雜色，忽如海島花蓮，忽似獨枝搖曳，忽似海葵吐蕊，一客突來，眾女啞然作舞，束手就擒，……

史詩中的魔女舞充滿了強烈的性的誘惑力。在神話時代的薩滿教舞蹈中也有充滿性誘惑的生殖舞蹈，以祈盼子孫繁衍無窮，宇宙萬物復生。到了史詩時代，性誘惑舞蹈成了迷敵、制敵的有效方式，這在未經過性禁錮的封建文明洗禮的原始時代，是正常的社會現象。

在東北民族的先民中，未婚而孕的女人，不僅不被歧視，而且，會因其有較強的生育能力而受到尊敬與歡迎，這已是到文明時代的民俗意識，反映了北方先民封建禮教影響較少，原始時代的習俗與觀念仍有保留。史詩中又說：

瑪虎（面具）群醜，驚扮怪賊，倒樹峻挺，葦藤棘荊，常有夜哭嚎哭，陰風魅魍嘶嘯，白晝飢盼廝搏，常令入島異客駭慄難安，失魂中，月光下，傖見雀躍足蹈的千態毛鬼，手持石斧、木矛、骨板，從四方奔殺而來，……均用魚皮、

鯨魚骨鏤畫成的瑪虎，聞聲方辨性別為女盜，殘忍無憐，竟飲客血，斃命方散。

　　薩滿舞中常有面具，面具是人的靈魂的屏障──使惡魔不易識辨，有的面具是神靈或惡魔的象徵，帶面具舞蹈有驅邪的宗教意味。在史詩中，面具舞成了魔女恐驚外敵、迷惑敵人的武器。史詩中說：海風傳來海島上如長餓十日的嬰兒啼聲，令偶經野島異客生惻隱之心，為救孩子，以早睹為快，登岸後四顧無聲驚愕時：

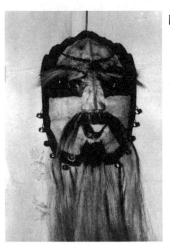

圖38　何舍里氏的祖先面具。
吉林省琿春地區滿族何舍里氏的祖先神面具，是用海龜龜板所製作的。

突然數百裸體小女，妙齡不過八、九，身披藤葉、花卉，頭纏彩羽，宛若天童入世，眾女手中各束一縷花卉，其香撲鼻，島上特產的「塔布樂花」（一種島生香草）煙可迷

人，嗅後產生的幻境，異客在濃香中，昏醉癡呆，恍見眾女，載歌載舞，忽升樹顛，忽墜花簇，忽仰海面，忽停葉端，輕若彩蝶，敏若小魚，靈若海鳥，美若神霞，島魔借哀哭的童聲癡舞，將方圓百里遊海的異人誘引，坐食其利。

史詩時代，戰爭是全部落的公共大事，所以魔女舞中有八、九歲的少女迷舞，而且舞中用了可使人產生幻境的迷藥——這是古代薩滿進入神附體狀態常用的草藥。這裡都成了克敵制勝的武器。

烏布西奔久聞「滄海中阿力（魔）怪女的神技」，「決意安撫海內的異族」，「掃平內海屏障」，「使烏布遜全族上下像在狍布帳中一樣行坐自如」，「四方捕獵永無阻礙」，下決心要征服島上女魔，但如何征服，烏布西奔媽媽的見解與眾不同，眾侍人跪拜威名遠懾的女罕薩滿說：

神聖的罕王，您下令發動烏布遜的無敵人馬，讓千舟扯起馴鹿皮的白帆，讓千舟裝滿肥美的獸魚肉乾，事不宜遲，讓紅日做我們遠征的信鳥，連夜踏平罪惡難書的海中小島。

烏布西奔媽媽站起身來，默默在鯨皮的屏帳前後走來走去，環顧眾人說：

我從受天之命起，三下內海，受古德老王臨終的遺訓，打
通飛鳥難渡的太陽出升的東海，前途會有數不盡的阿力、
嘎紐、胡圖（這三者都是魔鬼的稱謂），在等待我烏布遜
的征伐，阿布卡赫赫天母古時與耶魯里相爭，以仁慈創下
大地，薩滿的神靈，訓育她的後人，用自然眾神的威力，
用助弱扶微的心腸，惠濟海宇。

　　烏布西奔媽媽自登罕位以來，解救了不少苦難中的鄰居
部落，甚至連吃人腦的野人部落，也受其教化，成為「和睦
手足」。她又以天母阿布卡赫赫與魔鬼耶魯里相爭，以仁慈創
世，用「助弱扶微的心腸，惠濟海宇」的古訓來說服族眾不
對蓮花三島使用暴力。應該說，在金戈鐵馬的英雄時代，能
有這樣的治世思想，是難能可貴的。但為了收服魔女，烏布
西奔媽媽採取了必要的措施，派自己的四個心腹女薩滿，潛
入敵島，祕習魔女舞，以做到知己知彼，並創勝魔之舞，以
舞治舞。烏布西奔媽媽說：

　　荒蠻而為，其情可憫，我心拜日，渴求知音，水乳相親，
　　不分彼此。海潮送來喜兆，我已創勝魔之舞，醫病對藥，
　　醫性知性，醫人識症，以武治武，以友論友，以心涵心，
　　對魔島阿力們，我不取窮兵黷武之策，以舞治舞。

　　終於，到了以舞治舞的關鍵時刻，烏布西奔媽媽率眾登

上蓮花三島，雙方比舞相爭，史詩中言：

> 在熊熊的九十堆篝火籠罩的海島崖上，女魔得意洋洋，雙
> 手抱著一條東海槍魚，大口啃嚼著尾翅翹著的大魚，肩髮
> 縱抖，袒露全身，踮腳跳著紋身彩舞，忽而旋轉，忽而頓
> 足，忽而跳躍，忽而蹲俯，腰肢柔軟猶如蝸牛之身，頸項
> 仰俯，猶如天鵝之軀，眾魔女擊手雀躍，鳴唱相合，細聲
> 如魚，蠻野無度，不解其義，⋯⋯

女魔們為自己的奇異舞踏洋洋自得，認為勝券在握，不
料在狂舞酣聲中，一聲驚天皮鼓，震住了女魔王和全島同聲
相合的眾魔女，史詩中講：

> 烏布西奔在神鼓中盤旋作舞，她是神母所生，神母所育，
> 神燕精魄，神燕精魂，自幼素有神授的玉脂膚肌，鼓聲中，
> 她默請來風神為她吹拂神服，雲神為她翩然助舞，鷹神為
> 她振翼飛旋，日神使她金光奪目，海神伴起四海銀濤飛浪，
> 地神派來林濤在她頭頂上鳴唱，銀絲雀、九紋雀、黃雀、
> 小蜂雀、白袍雀，不知驚嚇，不怕晃動，雀落降神癡舞的
> 烏布西奔身上。

各種神靈附體，正是薩滿舞蹈的宗教特色，使舞蹈具有
超凡的藝術魅力，因此：

魔女與島上眾族世代未見過,如醉如癡的神舞,目瞪口呆,
烏布西奔在昏迷中高聲詠唱,東海的兒女們,我是東海女
神派來的天穹舞神,素知東海生存著我無憂無慮的後輩兒
孫,烏勒袞瑪克辛(喜舞),烏勒袞烏春(喜歌),永遠與
東海兒女生活在一起,猜疑,妒嫉,相仇,劫掠,不該在
東海角落上汙染,浸延,用我優美的烏春,用我奇妙的瑪
克辛,喚回姐妹的相愛,求來生活的豐厚,開墾和睦的海
洋,……

　　烏布西奔媽媽在歌舞中,諭示魔女們,應讓喜舞喜歌伴
隨著東海兒女們的生命——這種胸懷寬廣的人類大同思想感
動了魔女們的心。烏布西奔向她們呼喊:

你們站起來,隨我跳起來,我心愛的突其肯,突其春,突
其奔,突其金,跟隨我的腳步,讓眾神賦予你們舞技和神
力,讓荒寒的枯島學會神的舞步吧。篝火高燃,「霍其昏」
(美,漂亮)「霍其昏」,呼聲與歡樂的海濤相合,整個東
海在歡笑,烏布西奔首先跳起了德勒瑪克辛(身舞),四
徒相隨,烏布西奔接著跳起了烏朱瑪克辛(頭舞),四徒
相隨,烏布西奔跳起了飛沙瑪克辛(肩舞),四徒相隨,
烏布西奔率領四徒跳激越的頓吉瑪克辛(戰舞)。島上,
篝火迎來了夜幕下彎彎的小月,「三音(好)!三音!」烏

布遜部落和島上的魔女部落，齊被世間難見的神舞迷醉了，神風習習，全島人都翹首頓足，融入瑪克辛（舞蹈）的歡樂情海中，唱著，跳著，學著，跟隨懷布西奔和四徒跳起學新瑪克辛（連擊舞），烏布西奔媽媽將神授的優美的胡渾瑪克辛（乳舞），傳授眾人，……

　　史詩中的舞蹈場景幾乎是人類舞蹈史中最輝煌最壯麗的一頁，烏布西奔媽媽的胸襟、眼光與神奇的舞蹈，融化了魔女心中的冰山，史詩中說：

　　東海的胸襟，太陽的溫柔，使魔女和魔島眾族自慚形穢，拜倒在仁慈的烏布西奔神裙下，波其西（友愛），波其西，情願永做您的僕隨，誠懇遵從您的吩咐，……於是，將島上傳世之寶──珊瑚神裙，跪獻給烏布西奔媽媽，從此，烏布遜的英名，更加聲傳百里，附近其他無名的島嶼，在烏布遜的威名下，恩威並施，烏布遜的海疆向內海跨越三百里，不少無名的鬼島海民，成為烏布遜部落盛宴上一群新的姐妹和手足伙伴。

　　這場以舞相搏的爭鬥的結局是多麼美好與發人深省，烏布西奔媽媽以舞治舞，以情感人，以理曉人，化仇敵為手足的思想與實踐，反映了史前人類文化思想的歷史性轉折。
　　較之原始時代的先民，今天的人類真正可謂「萬物的靈

長，世界的主人」，人類已經可以乘坐自己創造的宇宙飛船來回眸自己的故鄉——蔚藍色的地球，但當今世界，又有多少政治、軍事、經濟、文化的難題困擾著人類。人類的前途是光明的，但前進的歷程並非坦途，因此，史詩中通過主人公歌舞中表達的人文精神——由氏族之愛轉變為人類之愛——是人類精神世界中永不墜落的星辰，仍值得今天與明天的人類借鑑、警示與啟迪。

用不著細細品嚼，今天的讀者仍可以立即被史詩巨大的文學魅力所感染、所激動。史詩是人類邁向文明門檻的時代心聲——集體創作的結晶，它不為個人的窮通興衰而悲歡啼笑，乃是作為全人類（其範疇有氏族、部落、部族、民族、國家，以至全球的歷史演進）的喉舌而發揚踔厲，因此其主題的恢宏、題材的重大，使後世作為個體的作家文人難以望其項背，又因為初民的形象思維能力相對今人更為發達，史詩中流傳著各種基於薩滿教觀念的神思遐想使故事情節跌宕緊湊，加之史詩中比興手法的大量應用，場景人物描寫的生動鮮活，語言的瑰麗多彩，使其具有一種永不衰竭的藝術魅力。這是人類不可往復的童年時代的文化與藝術的碩果，從某種意義上說，是後人不可企及的藝術範本；而且，就其文化史與文學史的意義而言，是完全可以與古希臘的英雄史詩比肩的。

以往，不少歷史學家、社會學家認為人類的社會形態的發展是依母系氏族社會、父系氏族社會、階級社會（即文明

社會）循序發展的，因此，史詩時代即父系氏族晚期，但依據有關考古與民族志資料，人類社會形態的發展遠不是人們想像的那樣單一整齊。

　　1983年，遼寧省考古工作者在凌源與建平交界的牛河梁神殿遺址的一棵松樹根下挖掘出一個女神頭像，出土時，她的顏面鮮紅，唇部塗朱，表情栩栩如生，從頭部判定，整個女神像比真人略大，據碳14測定和樹輪校正，距今5,000年，屬紅山文化晚期。據前後幾次大的發掘分析，這尊女神像還不是女神群像中的主神。從已挖掘的彩陶大器殘片、飾之字紋的陶器殘片、塌落的多種建築構件、壁畫殘塊以及泥塑人像的肩部、殘臂、斷手、乳房等殘塊推測，這是一座氣勢宏大的女神神殿，分主室和側室，供有體魄碩大的女性主神和環侍拱列的諸女神，氣宇軒昂，女神神殿有類似廣場或城堡的石砌圍牆，周圍的六個山頭分布有積石大塚群。這一重要發現，將中國的文明史追溯到5,000年以前。《光明日報》報導:「去年（1985）遼西牛河梁女神廟大型女神頭像和大量生殖女神裸體陶質塑像以及豬龍的出土，說明東北遠在五千多年前，已進入極為繁榮的母系社會末期，具有國家雛形的原始文明社會。」（《光明日報》1986年7月25日第一版）滿族史詩中出現了兼薩滿身分的統轄七百部落的英明女罕——烏布西奔媽媽，從另一個側面證明了這個推論，說明人類社會形態的演進比人們想像得要複雜。

第七章

滿族薩滿教藝術

高昂、激越，雄闊，是薩滿教音樂的普遍特色。
薩滿在摹擬各種神靈舞蹈時，
就是通過神歌和樂曲，
把其動作所象徵的意義傳達給族人的。

一、音樂舞蹈

　　薩滿教音樂：滿族薩滿是民族歌手，因為在薩滿祭祀中，他們必須用滿語誦唱神歌，在滿族普遍放棄滿語的情況下，這種純滿語民歌幾乎成為絕唱。在那些只祭家神的滿族姓氏裡，薩滿祭神時已經沒有熱烈的舞蹈，在鼓聲和腰鈴聲伴奏下對著神案唱神歌，邊歌邊打鼓甩腰邊蹲步，其樂曲有「請神調」、「背燈調」、「餑餑神調」等多種，都有各自的音樂特色。其神歌的內容是祈請神靈降臨神堂、讚頌神靈的偉大力量，氣魄宏大，如吉林烏拉一帶滿族祭禮中的「背燈神詞」：

　　　　白天聽到的歌聲聽不到了，林間回響的山音聽不到了，夜闌人靜，萬物安謐，狗不咬，鴉不噪，牛馬進圈，金烏棲在九層天上的金樓，藍天萬星出齊了，銀河千星出齊了，高天北斗七星出齊了，點上年息香，迎請那丹那拉渾降臨神堂！……

　　神歌要把人們帶到一個聖潔、神奇的世界，它靠代表宇宙風雷的腰鈴聲和代表神靈飛天的步履聲的鼓聲伴奏烘托外，還依仗其音樂的流暢、抒情，一般多為五聲音階宮調式，每一樂句的尾音都終止在切分音符上，與滿語是黏著語形態

相關。行腔自然，唱詞押頭韻或頭、尾部押韻，旋律與節奏的變化多以單詞重音為依據。旋律上的長音或節拍上的重音是詞意中的重要音節，同宮與不同宮對置與過渡的調式交替也有所見，不像某些宗教音樂那樣低沉、平板。

保留大（野）神祭的滿族姓氏其祭神歌舞特別豐富。往昔，這樣的闔族大祭至少要進行三天，是媚神娛人的民間佳節。禮祭中常用的樂器有尼瑪琴（抓鼓）、通肯（抬鼓）、洪烏（響鈴）、西沙（腰鈴）、恰拉器（響板）、哈拉瑪力（響刀）等，其樂曲有「請神調」、「排神調」、「放野神調」、「送神調」等多種，有獨唱、對唱（問答式）、領唱、合唱及多部混聲等多種形式。並有抻著唱（抻，東北方言，拉、拖、展示、延長之意）、頓著唱、連著唱等三種真聲唱法。節拍形式有1/4、2/4、4/4、5/4、6/4、3/8、6/8的「散板」、「剁板」等。在歌舞中，鼓點的快慢強弱變化是節奏和節拍的生命，鼓聲的高低，音色的變化是感情與旋律的靈魂。鼓聲本身就是音樂。常用的鼓點有「老三點」、「老五點」、「七點」、「九點」、「碎點」等。演唱時，一些相對獨立的曲調，依照程度，有機結合，貫穿使用，形成了類似曲聯體的結構個性。滿族神歌因受滿語語音諧和規律制約，語音平直，旋律平穩，卻常用「波浪音」、「哆嗦音」來死音活唱，使平穩的神歌增加了不平靜的活動性。如請神的「引子」是高聲唱出「庶」（滿語）字長音：這是對遙遠的天穹、聖山的神靈的召喚。前段用波浪音，僅一個「庶」音就使人感到神靈正在天穹的風雷聲中飛旋而來，

後段反覆用哆嗦音，象徵著神靈已飄逸而至。結合雄沉的鼓聲和薩滿奇妙的神態，使神歌空靈神奇，扣人心弦。

音樂是舞蹈的魂魄。薩滿在摹擬各種神靈舞蹈時，通過神歌和樂曲把其動作所象徵的意義傳達給族人，如野神祭中的「金鵰舞」。

薩滿在屋檐下擊敲請來了金鵰神愛新代敏，邁著鷹步起舞，並唱起了神歌，代表金鵰神向族人諭示：

> 那天上的七星，是星神那丹那拉渾的使者，我是踏著七星的光芒，來到神堂的屋檐下。

薩滿進了屋，旋轉起舞，並通過神歌告訴族人，這象徵著金鵰神在雲中飛了九圈，又向八方鳴叫了九聲，降落到雲頭上，神羽的光芒，照耀著千里沃野密林。金鵰神氣魄宏大，其音樂也高昂、激越、雄闊，這是薩滿教音樂的普遍特色。

薩滿祭禮中還有大量樂舞，如：野神祭中薩滿跳金錢豹火神舞蹈時，口噴炭火，只用抓鼓、腰鈴伴奏。漢軍祭祀最精彩的是「神鬼大戰」也無伴歌，薩滿手中的武器——太平鼓就是樂器，急促的鼓點就是音樂。

薩滿舞蹈：滿族的祭禮中，保留了相當多的原始舞蹈。有手持「金晃鈴」、「銀晃鈴」、「鐵晃鈴」，翩躚起舞的「瑪蘇密舞」。瑪蘇密或稱瑪克依瞞尼，即舞蹈神，她的舞蹈典雅秀美；有手持雙槌飛舞的「蠻特舞」，蠻特是洪荒初開時的創業

圖 39 蠻特瞞尼舞。
薩滿在跳蠻特瞞尼神舞，
蠻特瞞尼是一位使用雙
木槌開創基業的祖先英
雄神。

圖 40 鷹神舞。
鷹神降臨後，薩滿手持雙
鼓跳起鷹神舞。此雙鼓象
徵鷹神的巨翅。

始祖神，其舞蹈古樸強勁；有代表「安昂瞞尼」的「托里舞」，安昂瞞尼是祖先英雄神的首神，在創業中功勳卓著，托里即薩滿的神器銅鏡，女真鏡舞在遼金時就已著名；有旗旌招招，兵器閃亮的「巴圖魯瞞尼舞」，即勇士舞。整個舞蹈猶如八旗將士出征，英勇、壯烈；有薩滿持馬叉舞的「多霍洛瞞尼舞」，多霍洛是祖先神中的一位孤膽英雄，舞蹈表現他的高超武藝；有花棍翻轉的「朱祿瞞尼舞」，這是表現英雄高超技藝的「雙人舞」；有模仿女神輕盈柔美的甩袖舞等等。這些舞蹈都是歌頌祖先英雄神的神威，動律大，舞姿別致，充滿了傳奇色彩和尚武精神。

薩滿舞蹈中最有意思的是類比各種神獸靈禽的「動物舞」，因各姓氏供奉的圖騰和動物神祇不同，常見的有鷹神舞、鵰神舞、鳩神舞、蟒神舞、虎神舞、野豬神舞、金錢豹神舞、火龍神舞、熊神舞、水獺神舞等等。這些舞蹈把各種動物的動態神姿表現得惟妙惟肖、個性鮮明。如鷹神、鵰神的舞步是步步生風的「八字步」，即鷹步。舞蹈中，神靈附體的薩滿急速旋轉，俗稱轉「彌羅」，表現這些「闔族永世的神主」，從九霄雲外飛旋而來的神姿；表現蛇蟒之神，薩滿則在地上蠕動爬行；時而蹦跳，時而入立，拙巧相間，活潑可愛；水獺神則攪水飛石，竟有活魚蹦出。有的舞蹈頗有戲劇性，如百獸之長——虎神要嬉戲虎崽；南山北山之王——野豬神則像個幼童，喜歡撲食，逗樂玩耍，漢軍祭禮中的「神鬼大戰」更像一臺神話舞劇。

在古代的野外祭禮中，也有各種舞蹈，如星祭中，薩滿身圍彩裙，手搖腰鈴或洪烏（鈴），兩手搧動象徵布星女神臥勒多媽媽飛翔在天的英姿。火祭中的「闖火陣」、柳祭中的「神柳女」祭山川河流時都有大量的舞蹈成分。薩滿舞內容豐富，形式多樣，較多地保留了其原古風貌。

據《東海沉冤錄》介紹，東海窩集部中的諸部落，向有春秋兩潮山海前後的賽歌活動，規模隆重。各部要遴選族中男女各歌手和舞蹈專長者，組成歌舞班，叫「烏春朱子」，專以薩滿教神話和民間神話中的情節，扮演神話中的人物，有歌有舞，競相比賽。賽時，各部落族人騎鹿和馬、牛等或趕大輪車、攜家帶眷趕赴盛會。邊烤肉邊飲酒，邊欣賞一部落又一部落的歌舞，亦可興起，獨自一人，自唱自演。甚至長途跋涉到海濱築筏，燃起十數堆篝火賽歌舞，以致召來海島百里之外的「野夷呀呀手舞助興」。有時幾部落在海上以筏為舟，合演阿布卡赫赫與耶魯里爭戰的創世神話。

二、美　術

祭禮中的神案，實指聖壇上祀供的神圖，上繪有本姓氏族敬奉的主神與薩滿魂魄活動的神域，其內容各姓氏不一，多追求神似而非形似，特別表現出其中寓含的宗教象徵意味，祖先影像以及宗譜上的神圖，亦是薩滿教美術的一種。在滿

族的故鄉黑龍江流域已發現了史前岩畫，其內容與薩滿教有
關，而且在岩畫附近發現多處祭壇遺址。岩畫與後世的神案
（圖）作用相當。其風格也是特出象徵意味。

圖41　熊頭圖騰柱。

北方諸民族中，曾有較普遍的熊
祭，稱熊為祖父、祖母或舅舅，
是古代以熊為圖騰的一種遺俗。
圖為20世紀90年代吉林省永吉
滿族野祭中留下的熊頭圖騰柱。
這一具圖騰柱放在祭壇神門一
側，守護祭壇，故也被稱為「看
場子的神」。

　　祭禮中主祀的神靈多有神偶恭放在聖壇上受祭，該神偶
多是用木、石、金、草雕刻而成的神像，藝術手法拙樸、遒
勁，突出該神靈的主要特徵與象徵意味。在大型的祭禮中聖
壇周圍豎有高大的獸頭柱，也稱「望柱」，是氏族的標誌和聖
壇守護神，是古代圖騰崇拜的演化，其藝術風格與神偶相近。

第八章

薩滿教與滿族文化

滿族性格上的勇敢剛毅、忠誠團結
與奮發向上的精神風貌，
是其民族迅速崛起的重要原因，
而薩滿教則是其精神文化的最終核心。

　　薩滿教是滿族精神文化的核心，是滿族古文化的聚合體
——幾乎囊括了先民宗教、哲學、歷史、文化、藝術、體育、
婚姻、道德、民俗等諸方面的人文成就，其先民的原始自然
科學、天文、地理、醫學以及採集、漁獵、農耕、交通、手
工藝等生產技術也在薩滿教中有所傳承和發展。薩滿教的文
化輻射力影響到滿族民族生活的各個方面，本章擇要而述。

一、 薩滿教與滿族髮式、佩飾

　　滿族成年男子的髮式為：在額角兩端引出一條直線，將
直線以外的頭髮全部剃去，只留顧後頭髮，將它編結為辮，
垂於腦後。辮上常繫有珍貴佩飾，多用金、銀、珠玉等製成
各種式樣別致的墜角兒，繫在辮梢之上，隨辮擺動，格外美
觀。在《紅樓夢》裡，賈寶玉的一條黑亮如漆的大辮上，從
頂到梢，一串四顆大珠，用金八寶墜角，可稱這種髮式佩飾
的典型。這種髮式源遠流長，古籍上載，滿族先民靺鞨人，
「俗皆編髮」；女真「辮髮垂肩」，「垂金環、留顧後髮，繫以
色絲」，婦女辮髮「盤髻」，滿族承襲了其先民的古俗。
　　這種髮式源起滿族先民的漁獵生涯。滿族及其先民曾以
弓馬稱著於天下，這種髮式頭頂前部不留髮，以免躍馬疾馳
中，讓頭髮遮住了雙眼。顧後留條粗大的辮子，在野外行軍
或狩獵中，可以枕辮而眠，有一定的實用價值。這種髮式還

融進了滿族先民長期篤信的薩滿教意識。薩滿教認為：髮辮生於人體的頂部，與天穹最為接近，是人的靈魂之所在。在滿族創世神話《天宮大戰》中，有一個住在九層天穹上的女神佛尼恩都里（滿語，辮子神），她如天地一般高大，她用岩石與黃土造了人類，並用野草做人的頭髮，使人力大無窮，鬥敗了妖魔，開創了人類世界。近世滿族中仍有某些姓氏祭奉這位髮辮女神。在這種宗教觀念支配下，髮辮為滿族所珍視。往昔，在戰場上捐軀的八旗將士，其骨殖如無法帶回，則髮辮必須帶回故鄉，這就意味著魂歸故土了。

這種宗教觀念還化出滿族許多美麗、悲壯的髮辮傳說。在這一類民間傳說中，髮辮是人民戰勝邪惡的法寶，因此，滿族稱辮子為「松撮活」，松在滿語中冠詞首，表示一種敬意。滿族及其先民，不分尊卑，均喜佩飾，有的佩飾代表著神靈的庇佑，有的佩飾象徵著勇敢無畏，有的佩飾意味著智慧靈巧，有的佩飾計歲，有的佩飾實用，這裡不僅凝聚著人的審美情趣，也積澱著他們的宗教觀念、民俗意識，因此，在滿族先世女真諸部中，均有戴佩古禮。往昔氏族中老人欣逢辰瑞，或族中丁勇戌邊建功，或嬰兒降世立檔，或男女婚嫁，都要由闔族年高德劭的長者，如穆昆達（族長）、噶珊達（部落長）、薩滿達（祭祀薩滿的領頭人）在祖匣神案前視察，親自將靈佩戴在被賜者脖子或繫在手足腕上，祈望吉順。

《新唐書·黑水靺鞨傳》載：黑水靺鞨「俗編髮，綴野豬牙，插雉尾為冠飾自別於諸部」。據考古發現，滿族先民崇

尚骨類佩飾遠在靺鞨之前。在烏蘇里江沿岸的許多原始文化
遺址中，發掘出了許多早期骨飾，如骨管、骨片、骨珠、骨
牙、骨刀、骨簪、骨角錐等等。黑龍江東康原始文化遺址中，
出土了扁柱形、圓錐形、扁平形等骨簪以及用禽類骨骼截製
而成的骨管。這些出土的骨飾不僅式樣繁多，而且遍及面廣，
說明滿族先民的骨飾經歷了悠久的歷史歲月，在生活中有重
要作用，體現了某些薩滿教的宗教觀念。從這些骨飾來看，
多用巨形骨塊，鑽孔佩掛，而且多為新擊殺的野牲，斃命前
血取，視為護身靈，而且作為權力與捕獵奇才的標記，生死
不棄。

　　骨飾中最突出者，當推爪飾、角飾與牙飾。爪飾有大如
巨掌的鷹鵰利爪；角飾多選用分枝多杈的鹿角做帽飾；牙飾
種類很多，有獐、野豬、熊、猞猁、雪豹、海魚等牙骨，其
中野豬牙倍受崇尚。一般來說，滿族中男性巴圖魯（勇士），
前胸佩掛公野豬的獠牙，族中生女，多佩野豬門牙。那時，
族人在新生的嬰兒搖車上就佩掛豬牙飾物，年年增加，親友
可在年節生日時賞賜豬牙。因為豬牙寓意著勇敢無畏，立事
早，會過日子。男女孩童到十三四歲時，有的可佩飾豬牙、
獾牙、獐牙、魚牙達幾十顆，佩牙飾愈多，愈受人尊敬。東
北民間素有「一豬二熊三老虎」的獵諺，野豬的兇殘更顯出
獵人的勇敢。野獵不僅是獵人重要的狩獵物件，而且是薩滿
教神驗中的主角。在神驗中，鬥士如能刺殺野獵，擊掉獠牙，
被視為「神助」，是闔族大順大吉的日子，薩滿會把野豬雙牙

穿孔授予鬥士，族人搶得餘骨，也磨製成各種式樣的佩飾，繫在腰上。

清初，黑水部、東海窩集部和鴨綠江部有些男女酋長，頭佩戴骨製流蘇，額間正中鑲嵌一塊鯨骨或者用殉人額骨磨製成的橢圓形骨珠，這是權威的象徵，而一般少女則佩帶烏頸骨鏤花的管狀五色串珠，琅鏘悅耳，視為避邪靈物。

在近世滿族中，民間的一般骨飾已不多見，但在某些姓氏所保留的古代薩滿神服中仍保留了較完整的骨飾。往昔各姓在豐秋後進行祭祀，屆時各姓薩滿競比衣飾、神鼓飾以及神技等，薩滿便將本姓祖傳的骨飾神衣穿出來。骨飾有數百年的野豬牙、鹿角以及獐、熊等腳掌骨。這裡豬牙象徵勇猛，鹿角象徵長壽，獐熊骨則是驅妖的靈物。薩滿神衣可以新製，但其中的骨飾從第一代薩滿代代承襲，代代添製，故而某些大姓望族的薩滿神衣可重達百餘斤。

薩滿佩帶石飾有悠久的歷史，遠古的薩滿腰鈴也是用石製的，被視為神物。在烏蘇里江流域發現的古代文化遺址中就用帶斑點的瑪瑙磨製成的石珠，十分精巧。有的地方甚至一次出土百件，有球形、管狀形，有的又細又小如粟粒，有的雕刻成舟形、斧形、菱形、多角形等。

吉林省汪清百草溝出土的有綠松石珠、軟玉石串珠、三棱形管狀石珠、石串珠等，已有較高的工藝水平。隨著生產的發展，石佩工藝日益完整。到遼金以及清初，滿族不論上層社會或民間鄉里，佩飾石質日精，工藝也愈加精湛，除佩

戴外，幾乎陳滿家室。清代貴族，官員的頂戴，實際上也是一種石飾，是其先民石飾習俗的繼續。

　　滿族石飾的豐富，與其故土礦岩饒裕，盛產名石有關，也和其薩滿教的靈石崇拜有關。在薩滿教的自然崇拜中，卓祿媽媽、卓祿瑪法（均為石神名）是重要的神。薩滿教格外崇奉火神，在神話中，火神突姆媽把自己耳上的光毛火髮變成星星，給人類照明，自己也變得赤身裸體，只好住進石頭裡，所以石頭也是火神的棲息處。因此在滿族的民族心理中，石頭有崇高的地位。在《紅樓夢》中，賈寶玉含石而生，這石——通靈寶玉又成了他的命根子，這個情節，潛含著滿族崇石的民俗意識。

　　柳飾：《北平風俗類徵》記云：「清明，婦女兒童有戴柳條者，斯時柳芽將舒卷如桑椹，謂之柳苟。」又曰：「清明戴柳於髮。」今天在某些滿族人家仍可以看到這種古俗的遺風。

二、薩滿教與滿族居俗

　　滿族住宅，一般都有四方形的寬敞院落，其中坐北面南的住宅為正房，通常為三間，或為五間。院子兩側建有東西廂房，每間寬約四米左右，中間開門，進門為堂屋，內置鍋、竈以及飲食食具。滿族正宅以西屋為大，稱上屋，一般由家中長輩居住。據薩滿教創世神話說：天母阿布卡赫赫派方向

女神給人類指方向，最早指明是西方，所以西屋為上，實際上這種神話是建立在一定的生活基礎之上的。古代滿族先民多在山地架屋，寒冷的西北風能被山擋住，所以西屋較暖和，為尊者長者所居。北京寧壽宮、坤寧宮、神廟以及瀋陽故宮中大政殿、避暑山莊永佑寺等體現了滿族的建築風格。《晚清宮廷生活見聞》載：「神殿，就是祭祖的地方，……那裡窗戶仍保存關外的遺風，用高麗紙糊著窗戶，殿右側有一杆子，名叫『咬啦竿子』，也叫神杆，一般人都不許踩它印在地上的影子」，「神殿之西間有炕，名叫萬字炕，實則『凹』字磚炕也。西炕，北牆均供有神廚」，「坤寧宮西門面為跳神吃肉之處，仍沿關外風俗也」，這是滿族給故宮留下的民族印記。瀋陽故宮大政殿是八角形，避暑山莊永佑寺也是九層八角形塔寺建築。八角建築，一般人都認為象徵八旗，實際上這是後來產生的象徵意義。它的本初意義，寓含先民薩滿教的天穹觀，即宇宙間的日、月、星辰、風雷、閃電、雨雷、冰雹、光與火等自然神靈來自九層天八個方向，象徵平安、吉祥和神威。這種建築形式出現在努爾哈赤創立八旗之前，是源自女真諸部落共祀神祇的專門場所「堂澀」的基本式樣。

作為滿族住宅的組成部分，正對大門內側，多有象徵平安的影壁。在院落的東南向陽之處常豎神杆也稱為「索羅杆」或「千年棍」，頂端置錫斗或草把，裡面放五穀雜糧或豬的雜碎，以敬烏鴉和喜鵲，反映了滿族薩滿教的靈禽崇拜觀念。神杆是古代野祭中神樹的演化。

三、薩滿教與滿族打牲習俗

滿族將狩獵、網罟、採珠、採蜂蜜、海上捕撈等生產活動統稱打牲，清朝曾在東北設烏拉、布特哈打牲衙門管理上述諸事。滿族薩滿教萌生於先民的漁獵文化，所以在其打牲習俗中，多有薩滿教的影響。

打圍是女真時期的古獵技。當時，部落長率領族中獵手到達獸群嘯馳的山莽，先灑酒叩祭薩滿教的獵神班達瑪法、班達媽媽，然後敲石吶喊燒山，憑風熱火威追剿猛獸。火熄獵畢，用肥大的九頭野牲謝天，然後眾獵手刮洗潦肉，圍火共用「天火肉」。

選獵達（狩獵頭領）

原居在東海窩集部的滿族常舉行闔族盛大的薩滿教神樹祭。是時，他們用野牲野禽和魚類作供品。在神樹前，祭祀古老的天母、獵神、星辰等宇宙神後，便由族長和薩滿擺起火陣。火陣有的像嶺上飛舞的長蛇巨蟒，有的像臥虎、奔馬，十分壯觀。獵手們或騎馬，或徒步，三五馬群來穿火陣，其中有火中棒打馳兔、火陣縛鹿、火中射鴨、火中抓取石珠石盞或嘎拉哈（動物骨），以及馬上的各種火技等等，誰過火陣次數最多，便被全族敬為巴圖魯（英雄），推當獵達（首領）。

祭獵神

滿族不少姓氏在隆重的薩滿教祭祀中，祭祀獵神穆林穆林罕，穆林穆林山是位於黑龍江北的一座高山，被薩哈連部的野人女真奉為神山。原來穆林穆林罕是位女神，名叫「奇莫尼媽媽」，奇莫尼，滿語意為「乳房」，是位神力巨大的雪山女神，後來演變成男性的獵神。雖然，滿族不少人家已經早就不狩獵了，但穆林穆林罕仍受到敬重。在寧古塔一帶滿族獵戶，出獵前在村頭焚香叩拜山神，進山後，獵達要酒祭山神，捕獲獵物後將第一鹿頭或熊頭祭供山神，狩獵結束，要祭拜山神後，再分配獵物。滿族供祭的山神，一般指老虎。相傳，努爾哈赤的時候跟眾人放山，老虎來了，輪到他當犧牲，老虎不但沒吃掉他，反而把他領到一片通紅的參地。因此，獵人敬虎為神，不到萬不得已時不打老虎。在吉林撫松以及遼寧新賓、岫岩一帶把山神視為努爾哈赤本人。

敬林神

世居黑龍江的一些滿族在祭山時要先給烏鴉揚酒撒米，因為烏鴉是看林子的格格，即林海女神。在滿族史詩《烏布西奔媽媽》中講：烏鴉是天神的親隨，在和惡魔的爭戰中，誤吃黑草死去，變成了號啼的黑鳥為人類黑夜報警。滿族敬飼烏鴉蔚成風氣，《吉林彙徵》載：「滿洲……祭院中杆，以豬腸及肺先置於杆頂之碗中，以祭烏鴉用。」清宮也有此俗。

現今許多滿族人家仍祭烏鴉。

尋雀書

　　滿族獵人在林中看見白色鳥屎，便視為吉祥物，因為這意味著不會被困在密林中。在薩滿教觀念中，鳥類被認為能凌翔天穹的靈禽，所以白色鳥屎被視為路標，稱為「雀書」，即雀為人寫下的字。獵人在密林中，喜歡尋找雀書，找到了它，也就是找到了路。

祭貂神

　　滿族先民挹婁人的貂皮曾聞名中原，被視為裘皮中的珍品。瓦爾喀部的滿族人是捕貂的能手，其部曾被稱為「貢貂部」，清代「打牲烏拉總管衙門」就有捕貂管事，貂皮是其重要貢品。捕貂前，瓦爾喀人要敬祭貂神貌爾罕，其形象似如一古人，畫在紙或木板上，供在帳篷裡，祭祀其以祈巨獲。如獵貂豐收，則殺豬祭供，還要供獸脂和麥飯，並灌澆酒於神像，口述報謝之辭。

捕鷹中的祭鷹神

　　滿族獵人在捕鷹前在山坡上向陽處，用三塊石板搭起一座「冂」形支架，象徵著鷹神九層天上的金樓神堂。內放一塊山石，代表鷹神格格（滿語，姑娘、公主之意）居住的神山。獵人插草為香，灑酒祭奠後，便可張網拉鷹。鷹網長約

九尺，寬三尺，張開後，拴上一隻鴿子或家雞作為誘餌，獵
人射進用樹枝偽裝的「鷹窩棚」裡，靜候鷹的到來，有時要
蹲上幾十天，稱為「蹲鷹」。鷹撲餌，網落被擒。獵人獲鷹後，
要拜謝鷹神格格。

魚　祭

　　滿族史詩《烏布西奔媽媽》記載了東海窩集人的魚祭盛
典。祭祀前，族人要用秋風揚選的大黃米做成魚形餑餑，作
為祭祀的神糕，並用河邊的新柳粗杆製成有兩、三個大小的
魚形神偶，其翅是用潔白的天鵝羽翎製成的，全身用鮮嫩的
柳枝葉圍成。有跳躍形、飛騰形、潛游形、雙魚追尾咬尾（交
配）形各種形態，栩栩如生，氣魄宏大。女首領身掛柳枝雕
成的柳珠飾，主祭的女薩滿和族眾都身圍柳葉，男女兒童頭
戴用柳樹皮編成的各種魚形小帽，其中還有罕見的鯨魚頭形
和飛魚頭形。祭祀時，女首領選擇族中善游水的男女青壯年
鑽進江邊林立的魚形神偶，忽動腮、忽擺尾、忽潛忽浮，如
群魚鬧水。歡樂的漁舞，高昂的漁歌，整個祭祀猶如到了水
底魚宮，看到眾魚出世。隆重的魚祭要進行三天三夜，族人
們扶老攜幼住在江邊，海岸或水上的「威呼」中，歡娛水濱，
嚼柳葉，吃魚蝦，喝鹿血，飲江水，惟有這樣，神聖的魚神
莫德喝恩都里才能庇佑族人魚產豐收。

祭河神與船神

「必拉媽媽」為河神,「媽媽威呼里」即船神,也稱「威呼里額真」,是一對姐妹神。其神偶安放在一條形似「威呼」(山船)的木板上,並肩的兩位女神,身上都纏著樹皮細繩,表示風浪再大,也能保佑行船平安。往昔,滿族人捕魚下網前,由「網達」率領漁民選一處江灣子深汀,燃年息煙(一種野生牡鵑花的乾枝葉)、醮酒、供雞鴨、餑餑等,由「網達」或薩滿祈禱,眾人叩拜河流。祭畢,才下江捕魚。豐收時,「網達」率眾祭禮,向河神謝恩。遇到魚兒不下網,也祈求河神保佑恩賜。居住在大江邊的漁民,或遠獵,長途運輸,或要在江裡舉行奇特的「水上婚」,則要在江邊祭奠船神。

四、薩滿教與滿族人生禮儀

滿族育兒習俗

1.命名:滿族孩子在月子裡常常連小名也不起,說是月子裡妖魔常來,起了名容易被妖魔叫著抓去,所以一般滿月後再命名。起名這天,富貴人家要擺酒設宴,貧寒人家也要請幾個人簡單招待一次。命名有根據時辰定名的,如丑時生叫「依汗」(牛),巳時生叫「梅赫」(蛇);有以節氣命名的,

如「寧聶力」(春天)、「伯羅力」(秋天);也有以出生時祖父年齡命名,如「六十八」、「七十三」。女孩以花命名較多,如托羅 (桃花)、吉娜 (鳳仙花)、訥恩德恩 (梅花);也有以野牲為名,如努爾哈赤這個名字意思就是野豬皮。

2.掛豬牙:往昔,滿族孩子自降生時,便年年往嬰兒悠車上增掛豬牙飾物,親戚長輩可在年節、生日時賞賜豬牙。因為豬牙寓意著孩子體格健壯,勇敢無畏,可早立世。

3.跳喜神:孩子在五歲以前必須舉行一次家祭,叫「跳喜神」。一般持續一天,不殺豬,只作糕,殺雞,祭祀祖先神,以謝神祖送子之恩。

4.換鎖:孩子降生時,懸於門外的弓箭 (小型模型) 和紅布條,待滿月後收回拴在子孫繩上,放在西牆正中北側的子孫袋裡,是為佛朵媽媽神位。每到春秋兩祭,須向佛朵媽媽祭祀求福。祭時,將子孫繩從佛朵媽媽神位拉到院裡柳枝上,家族未成年的孩子和抱小孩的婦女跪於案前叩拜,薩滿用柳枝蘸水遍灑孩子頭上,又捧香碟在每個孩子前熏一下,意味著驅邪除魔,隨後取下子孫繩上的五彩線,分別套上孩子們的頸上或手脖、腳脖上。如有的孩子沒來,則由其母代領,按「男左女右」將鎖線套在拇指上。過三天,將五彩線收回貯於子孫袋裡,因五彩線俗稱「鎖線」,所以此俗謂之「換鎖」。有的滿族人家的鎖線要帶回家放西炕上掛一年再換。有的姓氏,於闔族大祭時,才進行換鎖儀式。各儀式有異,但佛朵媽媽——保嬰之神的吉祥物「鎖線」一直受到滿族的珍

重。

　　姑娘長大許配人後，要舉行改鎖儀式，將母家的「鎖線」改繫在婆家的子孫繩子，這樣生下的孩子好養活。

　　滿族孩童有病，則常舉行「換小索」。這是向祖先許願，祭供，以祈康復的一種儀式。如病重，則請薩滿叫魂，如叫魂時，看到麻雀飛來，就認為孩子病癒災除，闔族致喜。因為喳喳叫的麻雀像孩子一樣活潑可愛，是童子魂所化。平時，滿族也敬麻雀為靈禽。

　　滿族沒有固定的冠禮，只是由族長或薩滿達在祖匣神案前祭祀，將靈佩賜給青年男女，一般小伙子前額佩掛野豬牙，姑娘多佩帶豬門牙。這就是成年的標記。

滿族婚俗

　　滿族的婚禮也頗受薩滿教觀念影響，最典型的是滿族恰喀喇人婚俗，他們的婚事可分三個階段。

　　1.說親：男女一方看中了某一方的男或女即由父母請媒人（紮拉）上門求婚，如說允，贈頭飾以為信物。如遭拒絕，可將頭飾帶回。

　　2.訂親禮：在男方家中舉行。由村裡頭人主持，雙方族長和父母及媒人參加，由雙方父母向人饋贈實物，一般男的送鞋，女的送阿庫密（鹿皮長袍）。在喜筵上主持人祝願後，請薩滿擇定吉日成婚，此刻起，直到舉行婚禮，男女雙方互相迴避。

3.婚禮：由新郎的族長主持，請各搭拉必幹（部落）和山裡山外的族人都來參加，他們帶來了豐厚的禮物：熊、鹿、狍、豬、魚、山果、蜂蜜等食物和鹿皮、魚衣等衣料。婚禮格外隆重，要進行三天。頭一天為婚祭。當晨光初露的時候，薩滿引新郎跪在祖先神位前，薩滿擊鼓祝詞，意為「美滿夫妻，鵲神安排。路神保佑，娶到家來，萬事如意，相恩相愛」。

太陽出來後，人們到院子裡祭天地諸神，主祭薩滿焚香祝禱，眾薩滿打鼓甩鈴，邊舞邊唱，一直跳到太陽很高的時候，賓客、族人和新人一起跪酬天地諸神，禮畢就有宴會。

晚上掌燈時分開始野祭，村外的野祭場所北高南低，劈啪燃燒的松明子火堆，照亮了神杆下的祭臺，附近村落的居民都會趕來，觀看薩滿精彩的歌舞。薩滿對獵神、山路神、水神、火神、風神五位神祇的偶像禮拜並頌贊。高潮時，薩滿在祭臺上歌舞，群眾在臺下和唱伴舞，歌詞可以臨時編詞，但主題都是祝福新人。歡慶一直到半夜。

第二天是喜宴，無論是主人還是客人，都會盡情痛飲歡餐。賓客帶來的食物吃不光，就要埋在野祭聖壇後的南側。有時候，族人派人去請人來吃。有時，第二天的喜宴和第三天的聚親就合成一天了。

第三天正式娶親。黎明前，族長領著一夥英俊青年，帶弓箭和刀槍，護衛著新郎和他的父母等組成的迎親隊伍，向新娘家奔去，冬季用狗扒犁和鹿扒犁，夏季是用船和馬。到了新娘家，岳父對新郎行搶貝禮，婆母對兒媳行摩頂禮，然

後新郎新娘交拜。禮拜後，岳父用盛宴招待新郎和迎新的人
們。宴會，新娘的族長和父母率領一群披弓箭帶刀槍的送親
隊伍去新郎家，這時要把姑娘平時用的東西和贈送給新郎的
皮衣皮褥皮褲等東西帶走。

　　送親隊伍到了新郎家，雙方族長交拜後就舉行成婚儀式：
由薩滿念祝詞，然後新婚夫婦到院子的神杆下叩拜天地諸神，
拜完後，婆母和生身母一起給新娘子重梳辮子，母親和婆母
分別坐在新娘兩旁，各梳一個髮髻，就梳成了「兩把頭」。梳
妝後，新婚夫婦在兩位母親引導下到神杆下，拜見賓客和族
人。這時歡天喜地的男女青年在新人面前唱起了古老的結婚
喜歌。夜幕降臨，人們都離開了聖潔的洞房，惟有一對年輕
的伴侶，留在洞房。幾盞長夜燈，象徵著新人光明的前程。

　　水上婚：住烏蘇里、黑龍江江濱的某些滿族則保留了可
以稱為「水上婚」的古俗。他們的求偶方式仍相當自由，野
遇歌唱，或有一場小小的搏鬥，只要情投意合，便可定情。
其標誌是男的給女的頭上插潔白的天鵝翎和漂亮的野雞翎，
或是插五彩野花，中間那朵必須是白的，因為在薩滿教觀念
中，惟有白色是日、月、星辰的本色，這是最富有生命的年
輕顏色。兩人自主定情，便可發生男女那種最親密的關係。
如懷孕，則被族人認為是喜事，可以帶著孩子來參加正式婚
禮。婚禮在江畔舉行，族人們歡娛水濱後，一對新人便會駕
著小船，到一個僻靜的水灣，過他們幸福的「洞房」之夜。
在船上一連幾天，才回家。他們進行「水上婚」的水灣岸邊

的樹上常掛一個美麗的花圈。那麼，無論是遠客，還是近鄉，只要看見這花圈就會繞道而行。

滿族葬俗

在漫長的歷史歲月中，滿族先民先後經過了土葬、獸葬、樹葬、火葬等各種葬俗，其中寓含著薩滿教的靈魂觀。在肅慎、挹婁、勿吉時代，據古籍記載，一般為春夏土葬，秋冬獸葬。如父母春夏死，當日就葬之於野，「交木作小槨」、「有槨無棺」，並在塚上作屋，以免受雨水淋澆。殺豬積其上，以為死者之糧，豬是主要祭品。當時的弔唁活動也很簡單，「以土覆之，以繩繫幹槨，頭出土口，以酒灌酹，才絕腐而止，無四時祭祀也」（見《肅慎國記》）。如父母死於秋冬，即以其屍餵貂，貂食其肉，往往能多捕獲。這種獸葬頗似西藏的天葬，但沒有天葬那樣具有濃烈的宗教意味，因為當時的滿族先民「以無憂哀相尚」，性格豪放，通達，父母死，男子不哭泣，哭者被認為是「不壯」。

渤海人的葬俗要複雜得多，現在可以看到渤海墓葬就有五種形制：土坑封土墓、石護封土墓、石棺材土墓、石室封土墓、磚室石頂封土墓。其中有的墓頂有塔式建築，如貞孝公主墓就相當氣派。葬俗上的木館葬、火葬，二次葬除了有靺鞨族的特點外，又受到漢族、高句麗文化的深刻影響。當時的火葬頗有特色，是人死後先埋葬起來，待皮肉腐敗後，再收骨骸火化，收骨灰盛入一個較大的陶甕，埋在石槨內。

　　《李朝實錄》載，忽剌溫女真一般也行樹葬，「置其屍於大樹」。治喪之禮也比較繁雜。「父母死，編其髮，其末繫二鈴以為孝服；置其屍號大樹，就其馬上宰馬而食其肉，張皮鼠尾腳拄之，兼置生時所佩弓箭，不忌食肉，但百日之內不食禽獸」。這種樹葬即架屍於枝幹上。還有一種樹葬是將屍體置於大樹洞穴內，「選大樹之枝葉繁茂者，伐其枝，穿穴於樹幹，以可以納屍為率」。這種葬俗近世用於薩滿之死，隨葬的常有手鼓、神刀等薩滿法器和鐵罐、木匙等日常用品。有一些著名的老薩滿或氏族長，死後裸體埋於深坑，頭東腳西，牲血散土，意在散其魂氣，早成族神。

　　火葬，初為女真酋長的厚葬禮俗，「頭目女真則火葬」，因為當時薩滿教崇火觀念很強，經過聖火燎燒的東西是最聖潔的，所以是一種厚葬。其葬禮也比較隆重，死者「皮冠上綴白鹿（皮）布，前蔽面目，後垂於肩，仍穿直身衣。」❶火葬後，每遇七七日，殺牛或馬，煮肉以祭，徹麵食之。努爾哈赤時期仍有此俗，「死則翌日舉之於野而焚之，其時，子孫族類咸聚全，宰牛馬，或食。」這是將屍體直接火化的火葬，當時服喪日期很短，「蒙二、一日除之。」❷清初康熙朝，東北滿族仍有火葬之俗，「七七」內必殯，火化而葬，葬禮已相當隆重，人將入殮前的晚上有守靈之俗：「將入殮，其夕，親友俱集，名曰守夜，終夜不睡。喪家盛相待，候殯後方散。」❸

❶ 見《李朝世宗實錄》。

❷ 見《建州聞見錄》。

這種入殮之棺頗不一般,「棺蓋尖而無底,內墊麻骨蘆柴之類,仍用被褥,以便下火。」出殯後,將棺置於柴垛上,點火焚之。服喪期也延長許多,「父母之喪,只一年而除。」並以不剃頭為重。居住在江河水濱的滿族先人也有實行水葬的,將死者的屍體近水置之,隨江漲而沒。

明代建州女真也兼有土葬,「親民則殯於家,亦殺牛以祭,三日後擇向陽處葬之。其殺其所乘之馬,去其肉而葬其皮。」❹

滿族進入遼瀋地區後,受漢族土葬風俗影響,形成了以土葬為主的新葬俗,歷經數百年。滿族的土葬可分兩類,一類是先火葬,將骨灰裝進瓦罐再土葬,多用於遠征在外的陣亡將士。有時,將辮髮割下,和骨灰放在一起,因辮髮是靈魂寄棲的地方。一類是入殮棺材的土葬。這是最通行的葬俗,其葬禮仍有鮮明的民族特點。

五、薩滿教與滿族民間醫學

往昔,滿族薩滿治病是建立在超自然力存在並與之交涉這一基點之上的,充滿神祕的色彩,其中有許多愚昧、落後的內容和違反科學的一面。但是,在世代承擔著為氏族除疾治病的漫長歲月中,薩滿們也掌握了一定的醫療知識和方法,

❸ 見《寧古塔紀略》。

❹ 見《李朝實錄》。

從而積累和總結了許多滿族民間的土方和療術。即使是以降神驅魔為主要內容的薩滿跳神治病儀式本身，如果從精神療法的角度來考察，也有一些合理因素，並收到一些療效。

　　滿族等北方民族常用的草藥配方有：滿山紅，味苦性寒，無毒，有止咳祛痰之功；水煎服，主治慢性支氣管炎、咳嗽。狼舌頭草，具有消炎、止痛的功效；水煎服用，治腹痛、腹瀉；外傷時，直接纏在患處，具有止痛、消炎的作用。馬尿臊，枝葉熬水洗患處，主治關節炎、風溼、骨折等。節節草，夏秋割取，曬乾切碎備用；水煎服，主治結膜炎、角膜炎；外敷，主治便血、痔出血、脫肛。暴馬丁香乾，水煎服，主治慢性支氣管炎、咳嗽。山根菜，味苦性微寒，無毒，可解熱開鬱，調經平肝，和解表裡；水煎服，治胸腑滿悶，心煩欲吐；肝氣鬱結，兩肋作痛，月經不調。馬糞包，藥用菌體，剛成熟時採下，曬乾備用，味苦性平，無毒，有清熱解毒、利咽喉和止血之功效；水煎服，主治肺熱咳嗽、扁桃腺炎、吐血、咯血；研粉末敷傷口，可治外傷出血。刺玫花，藥用花、果，夏季採花蕾，果熟時摘果，陰乾備用，味微苦性溫，無毒，有健脾理氣調經之功；水煎服，主治消化不良、腹脹、胃痛、月經不調。人參，藥用根，秋季採掘後曬乾，味甘微苦性溫，無毒，能補氣養血、生津、止渴、安神；與黃芪配用，可治脾胃虛弱、食慾不振、腹瀉；與五味子配用，可治營養不良、水腫、低血壓。黨參，藥用根，秋採收，曬半乾，用水揉搓，再曬；味甘性平，無毒，能補養中氣，調和脾胃，

祛痰生津；水煎服或生吃根，主治脾胃虛弱、消化不良；與
黃芪配用，可治慢性腎虛、自汗盜汗。五味子，藥用果實，
果熟時採下，曬乾備用。味酸鹹性溫，無毒，為常用強壯藥；
水煎服或泡酒服，主治肺虛、盜汗、神經衰弱、慢性肝炎、
腎虛腰腿疼。苦木頭，具有消炎、解毒、接骨之功能；水煎
服，主治慢性支氣管炎、咳嗽。玉竹或竹根七，藥用根，有
養陰潤燥，生津止渴，活血消腫之功；水煎服，治身體虛弱、
病後心煩口渴；用鮮根搗爛外敷患處，可治跌打損傷。煙袋
鍋花，藥用全草，夏秋採掘陰乾，味辛性溫，有小毒，能散
風祛寒，溫肺化痰，止痛開竅之功；水煎服，主治風寒引起
的頭痛、偏頭痛、痰多、咳嗽胸悶。

　　婆婆丁，藥用全草，全年可採，味甘苦性寒，能清熱解
毒，涼血散結，通乳，利小便；水煎服，可治結核和肝炎；
用鮮品搗爛敷患處，或熬成流膏敷患處，治療瘡腫毒、紅腫
熱痛。黃芩，藥用根，味苦性寒，無毒，有治肺炎、清溼熱、
安胎止血、涼血之功；水煎服，主治肺熱咳嗽、煩渴和高血
壓、頭痛、吐血、便血、腸炎、痢疾、月經過多等症。車前
子，藥用全草及種子，夏採全草，秋採種子，曬乾備用；水
煎服，主治尿路感染、小便不利、水腫、尿路結石、腹瀉、
急慢性肝炎、咳嗽；根搗爛外敷，可治外傷出血。黃芪，藥
用根，味甘性微溼，無毒，能補中升陽，固表止汗，利尿排
膿，為補氣之要藥，與黨參配用，治久病衰弱、多汗。

　　這些草方配方，往往是薩滿在長期的醫療實踐中形成推

廣的，在相當長的歷史時期中，這些民間藥方對族人的醫療起了良好的作用，迄至今日，從整體來看，滿族人的體魄是相當健壯的。

從薩滿療術發展而來的民間療法有以下幾種：

1.火療：火療法主要用於治療溼症、風寒症。用芍藥花、百合花葉、艾葉等草藥作燃料，點燃數堆火，交叉排列，薩滿一面擊鼓，一面率患者在火上跑跳，烘烤疼痛部位和關節，也可架火烤全身或某一部位。

2.熱療：熱療包括熱烘和熱敷。熱烘法主要用於治療寒症、感冒等。熱烘法有多種形式，可將炕燒熱，病人裸體躺在鋪有皮子的炕上，上面罩一個用柳條編的半圓形的罩，除頭外，整個身體全在罩中。因受熱炕和熱氣的熏烤，病人很快大汗淋漓。也可在火炕兩邊搭火牆，三面燒火，患者裸體站立其間，受三方熱力燒烤，使之很快發汗。如病重打冷戰，發不出汗，薩滿便採取人體烘的方法。由薩滿本人或指定患者的親人在熱炕上緊緊擁抱患者，上蓋大被，用健康人的汗引發患者的汗，以達到驅寒、活血，促進身體新陳代謝之目的。熱敷法主要用於治療關節炎等症。將燒開的水倒入洗衣盆中，再將新買的七尺白布放入盆裡，浸透後從開水中撈出，便往患者處反覆搓，稱「坐湯」。「坐湯」後再行「走酒火」，療效尤佳。

3.艾灸：艾灸法主要治風溼病。先令患者喝足水，脫掉內衣，蓋上被單，然後將放入瓦盆中的艾枝、艾葉點燃，用

燃燒的艾枝熏烤患者的穴位、關節及患處，直至其風濕關節處發熱，汗水流出，風寒拔除。輕者數次即愈，重者經常堅持，扶杖而行者亦能行走如常。薩滿常用艾灸法，只不過有的用艾葉，有的用狼毒草、爬山松等草藥。

4. 冰敷：主治高燒不退、內熱、昏厥等症。將冰塊放於柳編簍中，置患者四周，頭部周圍要多放幾簍，能起退燒、降溫、泄火的作用。如心、胃有火，燥熱煩悶及患痢疾，薩滿便讓患者吃冰塊，或服用草藥水凍成的冰塊，藥效、冰療同時起作用，以泄心火、胃火、腸中之火，使病症減輕。

5. 雪浴：以雪搓身洗面，具有活血、潤膚、抗寒的功能，可治病強身。冬季出生的嬰兒，產後用雪搓身，除去汙物，增強禦寒能力。飲服雪水，具有清熱、敗火之效。在雪祭中，主神尼莫媽媽降臨後，女薩滿在雪屋中，用雪為求子者按摩，尤重婦女腹部、男子陰部，以使早孕。

6. 噴術：噴術是薩滿將水和酒突然從口中猛噴出來，刺激身體的穴位，以收到梳理肌肉、活動筋骨、舒通血流、驅寒逐邪的神效。噴術應用範圍較廣，如瘡傷、骨折、長癭子、中風不語、口眼歪斜、昏迷不醒、難產、不孕症等，皆可用此法。但根據病症不同，噴力的大小、強弱和噴物有所不同。

7. 蟲噬：常用於傷口化膿、蛇毒、皮膚發黃等症。薩滿將螞蟥放在病人身上，任其吸吮病人身上的毒血。如有胃火、胃熱或腹中有浮水，可將蚯蚓、泥鰍吞入腹中，任其吸收腹胃中的毒水、浮水，然後悶死於腹中，便出。這種方法可解

胃熱，泄胃火。

8.放血：常用於久患重病或突感風寒以及扭傷瘀血等症。薩滿先按摩患者胳膊，然後用皮條將上臂緊緊紮上，將針刺進肘間動脈，針拔出後，血流如注，這時再將皮條解開，讓血緩流片刻，再將血止住。

9.針灸：針灸起源甚早，流傳廣泛，並非薩滿的獨特療法，但族薩滿多長於此法。《吳氏我射庫祭譜》，將薩滿治病的經驗進行歸納、梳理、總結出薩滿針灸、按摩所據之穴位，稱「薩滿七十二氣站」。頭部穴位占全身的一半，薩滿「跳神前後，必撫其首」，使其頭清不倦。上身的十八個穴位，多在肚子和生殖器周圍，可見其對生殖的重視。

10.按摩：通過手指、掌、腕幾方面力量的變化，對患者的身體的病痛點進行按撫和活動，以達到舒筋活絡、消腫散瘀的效果。手法種類繁多，包括撫、掐、捶、捏、揪、揉、擠、壓、拍、點、搓、拽、打、刮、擀、扣、摁、撚、擰、轉、抻等。❺

六、薩滿教與滿族口承文學

薩滿具有「金子一樣的口」，他（她）在祭壇上所吟誦講

❺ 詳見郭淑雲《原始活態文化──薩滿教透視》，上海人民出版社，2001年，頁357–366。

唱的神話、神歌，作為神靈的諭示與對神靈的頌揚，具有極
為莊重的宗教意義，而信仰的穩定性，使滿族的許多重要的
史前神話，通過薩滿教傳承至今，如前文所敘的創世神話《天
宮大戰》等。同時，在漫長的歷史歲月中，滿族口承文學在
薩滿教觀念的潤育下，產生並流傳著許多以氏族、部落、部
族英雄或以薩滿為主人公的英雄傳說,單我們搜集的就有《東
海窩集部傳奇》、《紅羅女》、《東海沉冤錄》、《兩世罕王傳》、
《忠烈罕王遺事》、《薩大人傳》等16部長篇英雄傳說。這一
切構成了一個風光旖旎的滿族文學世界。囿於篇幅，本書只
能介紹其中具有代表性的口承文學作品。

　　《尼山薩滿》也譯為《音姜珊蠻》，是在黑龍江、牡丹江
流域的滿族中廣為流傳的說唱故事。現已發現多種文本，講
唱的是女薩滿音姜到依爾猛罕（閻王）處奪回瑟爾古黛·費
揚古靈魂的故事：明朝時候，羅洛村的富人巴勒杜巴顏五十
歲時得一子瑟爾古黛·費揚古，不料他十五歲時，在橫欄山
打圍時身亡，巴勒杜巴顏到尼西海河岸請音姜珊蠻救活他的
兒子。音姜珊蠻降神體法，渡過幾道河，闖過幾道關，靠著
鷹神等神獸靈禽的相助，到了依爾猛罕那裡找回了瑟爾古黛
·費揚古的魂，並與依爾猛罕的舅舅蒙古勒代計價還價，為
瑟爾古黛爭取了壽限，留下了作為謝禮的雞、狗和大醬（黃
豆製成的乾醬）。在陰間的歸途中，音姜遇到了亡夫，亡夫對
她提出了復活的要求，如不應允就要用油鍋炸死她。音姜告
訴他：他已死多年，屍身已爛，不能復生。但亡夫仍糾纏不

休，音姜珊蠻作法將其拋到豐都城。後來音姜在子孫娘娘的
宮殿，參觀懲罰惡人的各種刑具，以勸誡世人行善，音姜珊
蠻救活了瑟爾古黛·費揚古，受到巴勒杜巴顏的重謝，可是，
由於婆婆控告，皇帝令人把她拋到井裡處死。

　　大多數文本中音姜珊蠻都是這種悲劇結局，也有的文本
講音姜也救活了她的丈夫並以團圓為結局的。在黑龍江省齊
齊哈爾之北的三家子村流傳著《女丹薩滿的故事》，講的是女
丹薩滿到陰間救皇太子的故事。女丹薩滿救活了太子，皇帝
還要她救已死三年的妹妹。女丹告訴皇帝：其妹屍體已爛，
不能救活，皇帝為之發怒。在喇嘛的挑唆下，皇帝將女丹處
死。女丹死得冤，冤魂不散，皇帝後悔，讓她永遠隨佛滿洲
祭祀時受祭。女丹薩滿成了薩滿的創始人。

　　在寧古塔一帶的滿族，流傳著寧山薩滿的故事，內容和
《音姜珊蠻》類似。音姜珊蠻是在中國文學形象畫廊中罕見
的婦女形象，她上天入地，鬥邪惡、救無辜的英雄氣概，像
一盞明燈照亮了滿族婦女的心田。它不僅反映了古代滿族婦
女的願望和個性，而且反映了薩滿教的興衰史，具有重要的
歷史價值。《音姜珊蠻》有其獨特的藝術風格，尤其是韻文部
分，頗具滿語詩歌的特點。下面是音姜進入依爾猛罕城呼喚
精靈的詩行的漢語譯文：

　　上天！飛鳥！察爾樹的倉吉薩精靈！你穿上了羊皮靴。三
　對芒吉薩精靈！你穿上了豬皮靴！……芒吉薩精靈，下來！

奔馳著的動物們！奔馳著的，下來！天空四處移動的，巨
座精，快快下來後，飛下來把我們帶走！坐在金橋中，讓
（我）坐下，把（我）帶走！坐在銀轎中，把（我）放在
肩上，帶（我）走！坐著美麗的小房間裡，藏好（我），
把（我）帶走，用（你）的爪尖！抓住（我），帶走（我）。
在你的兩翼下，帶上（我），帶（走）我，帶走寒爾古迪，
飛揚戈，帶走（我）！

滿文的語言流暢活潑，生氣勃勃，尤其原文是滿語，押
頭韻，隔行押尾韻，更使詩文具有一種磅礴的氣勢，鏗鏘上
口。

滿族的英雄傳說燦若群星，其中相當部分是以薩滿為故
事的主人公，比較典型的是《西林安班瑪法》。

《西林安班瑪法》，俗稱《西林大薩滿》，是滿族西林覺
羅氏傳承的薩滿神話故事。相傳該薩滿有飛天本領，在跳神
中他的靈魂可以出軀殼，憑藉神力可以在寰宇間尋找善神或
惡神，魂魄飛天達十日行程，到東海女神烏里色里居住的金
樓祈請神助。相傳烏里色里就是專司魂魄的女神。在她的各
種「魂荷包」中裝著各種魂魄，是東海太陽神的小妹妹。但
因她住地相當遙遠，一般神祇都難飛渡其洞。所以，世上的
魂魄極為珍貴。西林色夫薩滿能到達這裡，足見其神威無雙。
西林色夫薩滿在同元朝喇嘛鬥法時，也是靠其魂遊鬥神高一
籌，使三十喇嘛懊喪敗北。他祛邪扶正，為民驅魔，成為氏

族守護神。

　　滿族薩滿教的文化底蘊是英雄崇拜，在這種文化觀念的影響下，滿族民間流傳著許多長篇的歷史人物的英雄傳說，最長的可達百餘萬字，真可謂無韻之史詩，其中，記錄了許多歷史上薩滿教的活動與觀念，如：

　　《兩世罕王傳》又名《漠北精英傳》，傳說以建州女真的民族英雄王杲與努爾哈赤兩代罕王的生平事跡為主線，展開了明中葉至後金時期女真社會經歷了巨大變革的歷史畫卷，其中記載了不少當時薩滿教的神話傳說與祭禮。上部《王杲罕王傳》講述了王杲悲壯的一生，記載了明代女真人再度崛起前的艱難經歷。王杲的誕生充滿了神奇色彩，其母於晨曦中臨淵祀禱，時有神龜天蟒性交，濃霧漫天，她口吸精氣自孕而生下了英武非凡的王杲。表現了薩滿教的宗教觀念。下部《努爾哈赤罕王傳》講述了清太祖努爾哈赤不平凡的一生，這裡有13副盔甲起兵的壯舉，也有愛新覺羅家族內部的激烈衝突；有金戈鐵馬的戰爭場面，也有細膩生動的宮闈祕聞；有明朝與後金的政治風雨，也有獨特的女真人薩滿教信仰習俗，給人們提供了一幅幅完整的滿族勃興的歷史有聲畫面。

　　又如《東海沉冤錄》，傳講的是明代東海女真人各部落被烏拉部征服統一的故事，其間充滿了戰火與血淚，是原來在東海人中祕傳的哀史，傳說中記載了當時東海女真人的許多重要的薩滿活動與祭禮。

七、薩滿教與滿族心理素質

在前文滿族薩滿教女神崇拜的具體形態中，我們看到了一批可歌可泣的英雄女神，那「奮飛世間山寨、巡夜傳警、千年不惰、萬年忠職」的烏鴉女神古爾苔；那「用自己身上的光毛拋成萬千星辰，用生命的最後火光，為生靈造福」的突姆媽火神，那「為了人類育子綿續而私盜天火，而被燒成怪獸」的美女神托亞拉哈，等等，其為人類族體的奮不顧身的獻身精神，是人類母性昇華的極致。

女神崇拜不僅將史前人類的文化成果傳承到文明時代，而且將其基本精神——集體英雄主義，通過聖壇與神話傳承至近世，對北方民族的心理素質——民族性格的鑄造起了深刻、持久的影響。

近代，薩滿聖壇的重心已轉到男神崇拜，但女神崇拜的基本精神——集體英雄主義不僅被仍存活在聖壇上、神話中的女神傳承下來，而且被女神的後繼者——男神繼承下來。在近世薩滿教中，有一大批男英雄神，如滿族的三音貝子，他為人類套掉了7個多餘的太陽；開河鑿湖的英雄神恩圖色阿等。他們所具有的英雄氣概、犧牲精神與女神的英雄主義是一脈相承的。這種英雄主義的性質是集體主義的，又有明顯的人本主義傾向，孕育了滿族的英雄主義心理素質。

俄國著名民族學家史祿國在其代表作《北方通古斯的社會組織》一書中對通古斯人的特性的考察與認識，因原文相當周詳，這裡只能節選：

一般說來，通古斯人被認為是一個具有高尚精神力量的民族，這可以從滿族中曾經出現過諸如努爾哈赤、康熙等堅強的通古斯人物而得到間接的證明，在女真族中也有許多類似的人物。

對知識的熱愛，好鑽研以及好奇心是通古斯人的一般特徵。不論男女，這些品質都是他們必須具備的。……通古斯人將自己的任何行為都看做是很有社會意義的行為。這樣一種意識具有明顯的民族性，其原因雖然是多方面的，但主要原因是通古斯人生活在氏族中，離開了氏族就不可能生存。通古斯人已將這種性格發展成一種特殊形式，即將客人當成自己單位成員的那種無限的殷勤好客的風俗；自然，由於通古斯人自己在流動生活中時常需要他的部族人的幫助，這種風俗是必要的。

通古斯人非常嫌惡阿諛奉承。既不想奉承別人，也不願別人奉承自己。通古斯人並不傲慢，他們雖流露出自尊和自信，但對任何人都抱著非常純樸的態度。通古斯人非常正直、有禮、有魅力、殷勤周到，極少粗魯和粗野；令人生厭也很罕見；他們永不貪心，永不怯懦，永不背叛。

對通古斯人個性的描繪，還應當加上一點，即他們性格的這些特點還產生於固定的正義觀念和公平的概念，高度發展的個性意識，有時驕傲，但決非無禮的傲慢。因此，當一個通古斯人認

為自己正確的時候，不管有多大的壓力，他將堅持自己的想法。

通古斯人通常不喜歡說謊的人。說閒話被認為是最討厭的行為之一。

通古斯人通常並不是殘暴的，他們厭惡任何形式的殘暴，不論是肉體上還是精神上，也不論是對其他通古斯人，對動物，還是對其他民族。

通古斯人易於受強烈情緒的感染。情緒是薩滿教的基礎，非常強烈的情緒感染力，吸引著通古斯人。情緒可以表明通古斯人的許多態度，儘管通古斯人克制自己，可是他們的表情還是明顯的。

對美好物品的喜愛也是通古斯人的性格特徵之一。通古斯人通常非常喜歡美好的食品、漂亮的衣料和一切美好的東西。……營地的選擇在很大程度上要依斜仁柱（林中一種傘形簡易住宅，用樹杆、毛皮、布等圍成，漢語俗稱撮羅子）和營地附近的景色而定。他們非常欣賞美貌的男子和婦女。通古斯人喜歡各種娛樂。他們的一般想法是，人應該使自己的生活儘量過得快活一些。他們也能適應必需品與社會規定的限制。在通古斯人的愛好中最使他們動心的是對性的樂趣的愛好，無論男女都受它的支配。通古斯人並不認為這是值得譴責和非難的，如果不違反社會規定，則認為是自然的，正常的。

通古斯人的自豪感很強，所以競爭精神高度發展。男子為自己在狩獵中的成就，為自己具備應有的各種本領以及為自己的身高、膂力、體質，為自己的容貌、智慧和道德品質以及有耐久力

等而驕傲。通古斯男人知道自己的本領，但並不在那些缺乏這些本領的人面前去炫耀。在體格、精神和道德方面出類拔萃的人，對待別人也採取保護的而且非常平易的態度。婦女為自己的女性才能而自豪──如治理家務井然有序、精巧的手工，有良好的子女和兒媳，稱心如意的丈夫，自己的美貌以及母性的品質等。一般來講，由於通古斯人心情主要是開朗和愉快的，他們願意在社會生活中取得成功。不論男、女和兒童，對待生活的態度都是樂觀的。他們以極大的精神力量──宿命論地──度過艱難時期的，並盡力忘卻困難時期，只回憶自己一生最愉快的時刻。

在大量的民族材料中，民族心理素質往往空缺，或者只有零散的紀錄，因此，史祿國先生對通古斯民族心理素質、性格特徵的詳細而又比較完整的調查與考察就顯得特別珍貴。

多年來，我們在東北三省、京津地區、河北承德地區等滿族聚居地進行了較長時間的調查，據我們對這些民族心理素質、性格特徵的考察，結論和上述民族學家相近。一般說來，滿族對外來的客人慷慨熱情，坦誠無私，古道熱腸，這方面有許多感人的經歷不勝枚舉。他們對故鄉，對自己的民族十分熱愛，有很強的群體意識，自尊自強，勇毅剛強，敏慧好學。

從今人的標準看，上述滿族心理素質、性格特徵仍是優良的、健康的、蓬勃向上的、充滿活力的，它親和了人際關

係，激發了群體的英雄氣概，增強了集體的凝聚力，規範了社會公德，培養了個人的優良品質，從而使人類更好地以群團的力量與智慧戰勝自然、征服自然，推動整個民族或區域的經濟文化的進步。

　　說到這裡，我們也許能接觸到一個歷史之謎。

　　在一個相當長的歷史時期內，由於自然環境等多方面因素，北方民族生產方式、生產水平要比中原落後，踏進文明門檻也晚。但是在歷史上，北方民族曾多次迅速崛起，建立過夫餘、高句麗、渤海、高車等眾多地方政權，尤其是鮮卑建魏、契丹建遼、女真建金、蒙古建元、滿族建清。這些在中國歷史上舉足輕重的封建帝國，給中國歷史以重大影響，推動了整個中華民族文明史的發展。上述北方民族不僅在中國歷史舞臺上叱咤風雲，而且其傳奇般的勃興令歷史學家沉思。女真反遼，阿骨打誓師淶流水（今黑龍江拉林河），率完顏部2,500勇士，就敢於向有上百萬軍隊的遼朝宣戰，而且僅3年就敗遼建金；建州女真努爾哈赤以13副盔甲起兵，統一了女真，打敗了明朝，為將近300年的清朝奠基。這一幕幕奇蹟般的歷史劇，歷史學家曾從政治史、軍事史、經濟史角度來詮解、剖析，以解開這個歷史之謎，已獲得了可喜的成績，但我們認為還應該考慮文化史這個視野，從民族精神這個角度來透視，以便更全面地解開這個歷史之謎。

　　建立海東盛國——渤海的靺鞨人有「三男如一虎」之美響。《遼史》記錄了「女真過萬不可敵」的佳話。《大金國志》

記載：「女真人善騎射，耐饑渴，上下崖壁如飛，濟江河，不用舟楫，浮馬而渡。」

《滿族源流考》記云：「我國士卒初有幾何，因嫻於騎射，以野戰則克，攻城則取，天下人稱我兵曰立則不動搖，進則不回顧，威名震懾，莫與交鋒。」「咸用少擊眾，一以當千，固因神威之姿出於天授，賢臣猛將協力同心，亦我驅熊羆之士有勇知方，騎射之精，自其夙習而爭先敵愾信焉故也。」《嘯亭雜錄》云：「八旗子弟，一聞行師出獵，皆踴躍爭先。」

此類紀錄，史籍中還有不少。史學家常說，北方民族以弓矢而定天下，是有一定道理的。但是，弓矢畢竟只是一種武器或工具，關鍵是掌握武器的人。在上述記載中，我們已經看到「立則不動搖，進則不回顧」，「一以當千」的「熊羆之士」，這是創造軍事奇蹟的根本，而且「賢臣猛將協力同心」，是一個凝聚力很強的戰鬥集體。滿族性格上的勇敢、剛毅、忠誠、團結一致與奮發向上的精神風貌是其民族迅速崛起的內在的重要原因。

參考書目

于文燕、王禹浪、王宏剛著,《女真傳奇》,時代文藝出版社,1989。

王宏剛、富育光編著,《滿族風俗志》,中央民族出版社,1989。

王國興整理,《薩滿神歌》,中國民間文學集成鐵嶺市卷編委會,1988。

石文炳,〈滿族的信仰與祭祀〉,《吉林市郊區文史資料》,內部資料本第4輯,1989。

石光偉、呂樹坤,〈滿族石克特立氏薩滿燒香跳神歌舞錄影文學本〉,《吉林省藝術集成文藝志》內部資料第5輯,1987。

白杉、卜伶俐著,《北方少數民族薩滿神話傳說集》,呼倫貝爾盟內部資料本,1995。

宋和平、魏北旺,〈璦琿富裕兩地薩滿文化調查報告〉,《民族文學研究》,1987年6期。

宋和平譯注,《滿族薩滿神歌譯注》,社會科學文獻出版社,1993。

宋和平、孟慧英著,《滿族薩滿文本研究》,臺灣發展基金管理委員會、五南圖書出版公司聯合出版,1997。

那良卿,〈伊通納音瓜爾佳氏家祭活動〉,《吉林滿族》,吉林人民出版社,1991。

金啟孮著,《滿族的歷史與生活》,黑龍江人民出版社,1981。

李永海、趙志忠譯注,〈尼山薩滿〉,《滿語研究》,1988年第二期。

烏丙安主編,《滿族民間故事選》,文藝出版社,1983。

烏拉希春編著,《滿族古神話》,內蒙古人民出版社,1987。

郭淑雲著,《原始活態文化——薩滿教透視》,上海人民出版社,2001。

郭淑雲、王宏剛主編,《活著的薩滿——中國薩滿教》,遼寧人民出版
　　社, 2001。

莊吉發譯注,《尼山薩蠻傳》,臺北文史哲出版社, 1979。

陳見微選編,《東北民俗資料薈萃》,吉林文史出版社, 1992。

富育光著,《七彩神火》,吉林人民出版社, 1984。

富育光著,《薩滿教與神話》,遼寧大學出版社, 1995。

富育光、王宏剛著,《薩滿教女神》,遼寧人民出版社, 1995。

富育光著,《薩滿論》,遼寧人民出版社, 2000。

(前蘇聯)傑列維揚科著,林樹山、姚風譯,《黑龍江沿岸的部落》,
　　吉林文史出版社, 1987。

傅英仁搜集整理,《滿族神話故事》,北方文藝出版社, 1985。

趙君偉,〈趙氏族中大祭活動紀實〉,《寧古塔滿族談往錄》,牡丹江文
　　史資料第7輯, 1992。

趙展譯,《尼山薩滿傳》,遼寧人民出版社, 1987。

劉龍初、張江華、夏之乾,〈鳥拉街韓屯滿族薩滿教調查〉,《民族文
　　化習俗及薩滿教調查報告》,民族出版社, 1993。

關吉友,〈祭祀中的察瑪〉,《寧古塔滿族談往錄》,牡丹江文史資料第
　　7輯, 1992。

關興亞、關金山,〈伊通納音瓜爾佳氏家祭回憶〉,《吉林滿族》,吉林
　　人民出版社, 1991。

本書的圖片由于國華、王宏剛、富育光、關德富等人提供。

「人類如何去信仰」與「人類信仰什麼」
是同樣重要的問題……

從「媽祖回娘家」的三牲五果，到伊斯蘭的齋月禁食；
從釋迦牟尼的菩提悟道，到耶穌基督的流血救贖；
多元的宗教是人類精神信仰的豐富展現，卻也是人類爭
戰不息的原因。
然而，真正的多元化是建立在社會群眾彼此寬容及相互
理解的基礎之上，
「宗教文庫」的企圖，
就是提供各種宗教的基本知識，以做為個人或群體認識
各個宗教的管道。
畢竟，「人類如何去信仰」與「人類信仰什麼」是同樣
重要的問題，
藉由這套叢書多樣的內容，
我們期望大眾能接觸多元的宗教知識，從而培養理性的
態度及正確的信仰。

頓悟之道——勝鬘經講記　　謝大寧／著

你不是去信一尊外在的佛
而是去信你自己的心

如果眾生皆有無明住地的煩惱，是否有殊勝的法門可以對治呢？本書以「真常唯心」系最重要的經典——《勝鬘經》來顯發大乘教義，剖析人間社會的結構性煩惱，並具體指出眾生皆有如來藏心；而唯有護持這顆清淨心，才能真正斷滅人世煩惱，頓悟解脫。

唯識思想入門　　橫山紘一／著　許洋主／譯

從自己存在的根源除去污穢
而成為充滿安樂的新自己

疏離的時代，人類失去了自己本來的主體性，並正被異化、量化為巨大組織中的一小部分，而如果罹患了疏離感的現代人不做出主動且積極的努力，則永遠不得痊癒。唯識思想的歷史是向人類內心世界探究的歷史，而它的目的就在於：使人類既充滿污穢又異化的心，恢復清淨及正常的本質。

改變歷史的佛教高僧 于凌波／著

大法東來，經典流布
佛門龍象，延佛慧命

佛教的種子傳入中國之後，所以能在中國的土壤紮根生長，實在是因為佛門高僧輩出。他們藉由佛經的翻譯及法義的傳播來開拓佛法，使佛教蓬勃發展。當我們追懷魏晉南北朝時代的佛教及那個時代的高僧時，也盼古代佛門龍象那種旺盛的開拓精神可以再現，為佛法注入新的生命。

伊斯蘭教與中國社會 葛壯／著

堅定信仰真主的力量
成為優越奮發的穆斯林

曾經有一個虔誠的穆斯林說：「如果我信仰真主，當然是我優越，如果我不信仰真主，這條狗就比我優越。」就因為穆斯林們的堅定信仰，使得阿拉伯的伊斯蘭文化不斷地在中國各地傳播，並與中國各朝代的商業、政治、文化及社會產生了密切的互動。且讓我們走進歷史的事蹟裡，一探穆斯林在中國社會中的信仰點滴。

從印度佛教到泰國佛教 宋立道／著

一尊獨一無二的翡翠玉佛
一段古老而深遠的佛教傳播

南傳佛教歷經兩千餘年的發展，堅定地在東南亞大陸站穩腳跟，成為當地傳統文化的主流，不僅支配人們的道德觀念，影響人們的生活情趣，更成為泰國政治意識型態的一部分。藉由玉佛的故事，且看一代聖教如何滲透到東南亞社會的政治、歷史與文化各方面，以及宗教在人類創造活動中的偉大作用。

印度教導論 摩訶提瓦／著　林煌洲／譯

若可實踐正確之身心鍛鍊
則真實之洞見將隨之而生

由正當的語言、思想及行為著手，積極地提升自己的內在精神，寬容並尊重各種多元的思想，進而使智慧開顯臻達，體悟真理的奧祕，這就是印度教。印度教強調以各種方法去經驗實在及實踐愛，而這正是本書力求把印度教介紹給世人的寫作動力。藉由詳盡的闡釋，本書已提供了一條通往永恆及良善生活方式的線索。

白馬湖畔話弘一　　陳 星/著

一處清涼無染的白馬湖畔
一生魅力無窮的弘一大師

碧水瀲灩的白馬湖有著桃花源般的寧靜，它以超凡的秉性成為千丈紅塵中的清涼世界；而弘一大師就像引起湖面漣漪的一股清流，他與白馬湖作家群交錯成一幕魅力無窮的人文風景。本書娓娓道出弘一大師在白馬湖居留期間的事跡，讓您沈浸在大師的文心、藝術與佛緣裡。

圓通證道——印光的淨土啟化　　陳劍鍠/著

啟化眾生正信
開闢人間希望淨土

佛教自清朝雍正皇帝以降，因未能防止無賴之徒剃度為僧，故僧流猥雜，使得佛法面臨滅法的劫難。在這種逆流的環境下，印光大師續佛慧命，啟化佛教信徒要能慎思明辨、確立正信；他並提倡他力往生的淨土思想，建立求生西方極樂的堅定信念，為人世間開闢了一片希望的淨土。

華嚴宗入門 劉貴傑／著

心能變現一切
修行即是修心

傳說印度龍樹菩薩承大乘行願，發心潛入龍宮的藏經閣讀經，
後從龍宮攜出《華嚴經》下本，才得流傳世間。華嚴宗依《華
嚴經》而立，以法界圓融無礙為宗旨，宣揚一心含攝無量，並
直指唯有修心才能成佛。本書提契華嚴宗的基本概念及主要義
理，讓你步入華麗莊嚴的佛法殿堂。

大乘佛教思想 上田義文／著　陳一標／譯

開演大乘佛教思想
耳聞佛法良善知識

大乘佛法的義理精闊艱深，諸如「色即是空」及「生死即涅槃」
等看似矛盾的命題，更為一般人所無法清楚地理解；而如果我
們不先將這些基本概念釐清，則勢必求法無門。本書以清晰的
思路帶領大眾思考大乘佛教的基本概念，並對佛學研究方法提
出指引，使佛法初學者與研究者皆能從中獲取助益。

滿族薩滿教
王宏剛、于國華 / 著

追溯遠古的神靈
回歸質樸的原始精神信仰

「薩滿」為通古斯語，意為「知曉神意的人」。薩滿教是北方先民用集體的力量擺脫蒙昧的一種文化形態，它記錄了人類童年時代的某些精神景觀與心靈發展的歷史軌跡。本書深入「白山黑水」的東北滿蒙地區，為你揭開一幕幕美麗的原始神話，讓你飛翔在薩滿的萬物神靈裡。

多難之路——猶太教
黃陵渝 / 著

履約神所默示的一切
回歸神所賜興的土地

猶太教的核心是相信宇宙只有一位上帝存在，其教義強調猶太人是上帝從萬民中揀選出來的一個特別民族，將受到上帝的眷顧，並肩負上帝委託的特殊使命。然而，這個民族卻經歷了滅國、流亡及種族屠殺等乖舛多難的命運。在背負過去的傷痛及靜待救贖的日子裡，且讓我們共體猶太信仰在人類史上的堅貞與多難。

佛法與醫學　　川田洋一／著　許洋主／譯

斷除無明的煩惱病
體現健康喜悅的生命韻律

醫生通常可以告訴你生了什麼病，卻無法確切地告訴你為什麼會生病；「人為什麼會生病」這個問題，似乎牽涉到生命意識的深層結構。本書由世尊的覺悟內容做為起點，有系統地論述身體與宇宙韻律的關係，並詳細介紹佛門的醫療方法，為您提供一條健康喜悅的生命之道。

佛教經典常談　　渡辺照宏／著　鐘文秀、釋慈一／譯
　　　　　　　　　　　　　　　　　　陳一標／校訂

淺談佛門浩瀚聖典
輕啟八萬四千法門

作為宗教文學或哲學著作，佛教聖典當然具備豐富多樣的內容，在教戒、傳說、寓言、笑話、小說、戲曲、歷史、地理、民俗、習慣等人類所有的生活面，像佛教聖典這樣廣涉多方且富於變化者，確為世界文獻所僅見。本書以淺易明白的方式，介紹佛經的成立及現存的主要經典，輕啟你對佛門經典的常識。

國家圖書館出版品預行編目資料

滿族薩滿教／王宏剛, 于國華著.－－初版一刷.－－
臺北市；東大, 民91
　　面；　　公分－－(宗教文庫)
參考書目：面
ISBN 957-19-2692-2　(平裝)

　1.薩滿教

276.4　　　　　　　　　　　　　91009244

網路書店位址　http：//www.sanmin.com.tw

ⓒ　滿　族　薩　滿　教

著作人　王宏剛　于國華
發行人　劉仲文
著作財　東大圖書股份有限公司
產權人　臺北市復興北路三八六號
發行所　東大圖書股份有限公司
　　　　地址／臺北市復興北路三八六號
　　　　電話／二五○○六六○○
　　　　郵撥／○一○七一七五──○號
印刷所　東大圖書股份有限公司
門市部　復北店／臺北市復興北路三八六號
　　　　重南店／臺北市重慶南路一段六十一號
初版一刷　中華民國九十一年六月
編　　號　E 27001
基本定價　參元陸角
行政院新聞局登記證局版臺業字第○一九七號